CARTES MENTALES
EXPRESSIONS
IDIOMATIQUES
FRANÇAIS – ALLEMAND

MENTALE KARTEN
IDIOMATISCHE
AUSDRÜCKE
FRANZÖSISCH – DEUTSCH

CARTES MENTALES
EXPRESSIONS IDIOMATIQUES
FRANÇAIS – ALLEMAND

MENTALE KARTEN
IDIOMATISCHE AUSDRÜCKE
FRANZÖSISCH – DEUTSCH

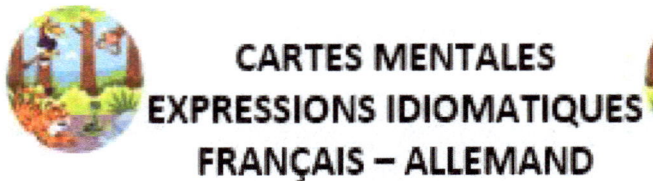 

CARTES MENTALES
EXPRESSIONS IDIOMATIQUES
FRANÇAIS – ALLEMAND

MODE D'EMPLOI

Les cartes mentales sont toutes tirées de la vie courante dans des situations ordinaires.
Elles sont basées sur la succession de dessins de mémorisation, avec textes en français et en allemand.
La méthode permet la mémorisation des textes de français vers l'allemand ou de l'allemand vers le français en portant en mémoire la vignette de dessin suggestive avec chaque situation simultanément.
Par le jeu de la répétition et de l'attention focalisée sur tous les dessins ou scénario de l'image, l'apprentissage du français ou de l'allemand peut se mettre en place facilement.
La répétition de la lecture des textes français et allemand en situation doit se faire selon la technique de la boîte de Leitner et la méthode des J, c'est-à-dire une répétition tous les 1, 3, 7, 14 et 30 jours. Pour cela, il suffit de découper chaque carte en 4 avec une paire de ciseaux et les glisser dans la boîte de Leitner (4 cartes de format 6,5 cm x 10,5 cm, recto - verso). Il y a 1000 fiches soit plus de mille phrases originales dans leur contexte, assez pour mémoriser un langage courant de niveau supérieur, le fameux « fließend » allemand.
Un petit « dico » de mots qu'il faut savoir accompagne la méthode. L'arrière-plan blanc ou vert permet de classer les fiches dans la bonne langue et donc dans le bon sens.
Bonne étude et bon courage !

MENTALE KARTEN
IDIOMATISCHE AUSDRÜCKE
FRANZÖSISCH – DEUTSCH

ANWENDUNG

Mentale Karten sind alle aus dem Alltag in alltäglichen Situationen entnommen.

Sie basieren auf einer Abfolge von Zeichnungen aus dem Gedächtnis mit Texten in französischer und deutscher Sprache.

Die Methode ermöglicht das Auswendiglernen von Texten aus dem Französischen ins Deutsche oder vom Deutschen ins Französische und bringt die evokative Miniatur der Zeichnung mit jeder Situation gleichzeitig ins Gedächtnis.

Durch das Spiel der Wiederholung und den Fokus auf alle Zeichnungen oder Szenarien im Bild lässt sich das Erlernen von Französisch oder Deutsch leicht umsetzen.

Die Wiederholung des Lesens des französischen und deutschen Textes in situ muss nach der Leitner-Box-Technik und der J-Methode erfolgen, d.h. eine Wiederholung alle 1, 3, 7, 14 und 30 Tage. Schneidet dazu einfach jede Karte mit einer Schere in 4 Teile und schiebt sie in die Leitner-Box (4 Karten 6,5 cm x 10,5 cm, doppelseitig). Es gibt 1000 Karten, mehr als tausend originelle Sätze im Kontext, genug, um sich eine höhere Alltagssprache zu merken, das berühmte "fließende" Deutsch.

Eine kleine "Dico" von Wörtern, die Sie kennen müssen, begleitet die Methode.

Der weiße oder grüne Hintergrund ermöglicht es Ihnen, die Karten in der richtigen Sprache und damit in die richtige Richtung zu klassifizieren.

Viel Spaß beim Lernen und viel Glück!

EXPRESSIONS IDIOMATIQUES niveau I

IDIOMATISCHE AUSDRÜCKE Stufe 1

Qui trop embrasse mal étreint
Quel dommage que nous n'ayons pu voir cela !

Wer zu viel will, quetscht nichts.
Schade, dass wir es nicht sehen konnten!

Ils ont eu un succès fou
Allez, file ! Tu as pigé ?

Sie waren ein großer Erfolg
Los, los! Haben Sie es richtig gemacht?

Un petit whisky, ça ne serait pas de refus.
Je ne bois pas du tout d'alcool

Ein bisschen Whisky, das wäre keine Verweigerung.
Ich trinke überhaupt keinen Alkohol

Il est lent mais il comprend vite
Vous auriez dû y penser avant

Er ist langsam, aber er versteht schnell
Daran hätten Sie vorher denken sollen

À mon avis, ils sont partis sans dire au revoir

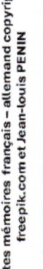

Meiner Meinung nach sind sie gegangen, ohne sich zu verabschieden

---

C'est son rayon! Il connaît toutes les ficelles

Das ist seine Abteilung! Er kennt alle Tricks

Ce genre de musique ne me plaît pas beaucoup

Ich mag diese Art von Musik nicht besonders

Penses-tu ça aurait été trop beau !

Glaubst du, es wäre zu gut gewesen!

Je regrette d'être en retard
Je vous donne ma parole

Ich bereue, zu spät gekommen zu sein
Ich gebe dir mein Wort

C'est ce qui s'appelle se jeter dans la gueule du loup

sich in die Höhle des Löwen begeben

Mon cher général, je peux vous dire un mot en privé ?
Comme vous voudrez

Mein lieber General, darf ich unter vier Augen ein Wort mit Ihnen sagen?
Wie Sie es wünschen

En fin de compte, je vais me débrouiller
Comme vous pouvez le constater, ça vaut la peine

Am Ende werde ich es schaffen
Du siehst, es lohnt sich

Les goûts et les couleurs, ça ne se discute pas
Il s'extasie vraiment devant n'importe quoi !

Geschmäcker und Farben stehen nicht zur Diskussion
Er schwärmt wirklich von allem!

Tiens, les voilà, si je puis m'exprimer ainsi

Hey, Hier sind sie, wenn ich es so sagen darf

Quel temps va-t-il faire aujourd'hui ?

Wie wird das Wetter heute?

J'y suis allé pendant les vacances  Ich war in den Ferien dort	**J'aimerai bien connaître le pourquoi du comment** *Si tu vois ce que je veux dire !*  **Ich würde gerne wissen, warum und wie** *Wenn du verstehst, was ich meine!*
Elle travaille ici depuis deux ans, elle fait l'idiote  Sie arbeitet hier seit zwei Jahren, sie stellt sich dumm	**Jugez-en par vous-même** *Peu importe, ça m'est égal*  **Urteilen Sie selbst** *Es spielt keine Rolle, es ist mir egal*

N'y va pas par quatre chemins !
Quoi qu'il en soit, j'y veillerai

Reden Sie nicht um den heißen Brei herum!
Ich werde mich auf jeden Fall darum kümmern

Elle est d'une vulgarité, mais elle est fière comme Artaban

Es ist von einer Vulgarität, aber sie ist stolz wie Artabanus

---

Je regrette de lui avoir prêté de l'argent !

Ich bereue, dass ich Geld geliehen!

Voulez-vous que nous échangions nos coordonnées ?

Möchten Sie, dass wir Kontaktdaten austauschen?

J'aimerai bien connaître le pourquoi du comment

Ich würde gerne wissen, warum und wie

Quoi qu'il en soit, tu l'as bien cherché !
Tu ne l'as pas volé !

Wie auch immer, Sie haben danach gesucht!
Du hast es nicht gestohlen!

Entrez, et fermez la porte je vous prie

Komm herein und schließe die Tür, ich bitte dich

Je vous présente ma collègue
Ravi d'avoir fait votre connaissance

Ich möchte meinen Kollegen vorstellen
Schön, dich kennengelernt zu haben

Vous auriez du feu s'il vous plaît ?

Du hättest Feuer Bitte?

Il y travaille depuis six mois

Er arbeitet dort seit einem halben Jahr

D'une façon ou d'une autre, je suis tout à fait d'accord avec vous

So oder so, ich stimme dir voll und ganz zu

J'ai visité l'Ecosse il y a deux ans !
J'ai attendu pendant deux heures à l'aéroport

Ich habe Schottland vor zwei Jahren besucht!
Ich habe zwei Stunden am Flughafen gewartet

Dans le pire des cas, va te faire cuire un œuf !

Im schlimmsten Fall kochst du dir ein Ei!

Ça fait des mois que je ne l'ai pas vu

Ich habe ihn seit Monaten nicht mehr gesehen

Ne vous en faites pas

Mach dir keine Sorgen

A moins qu'on me dise le contraire, je vois de l'eau

Sofern mir nicht jemand etwas anderes sagt, sehe ich Wasser

Tout le plaisir est pour moi

Der ganze Spaß ist für mich

Qu'est-ce que ça veut dire ?
Qu'est-il arrivé ?

Was bedeutet das?
Was ist passiert?

Qu'est-il écrit ici ?
Peux-tu l'épeler ?

Was steht hier geschrieben?
Können Sie es buchstabieren?

J'ai lu ce journal trois fois
C'est n'importe quoi !

Ich habe dieses Tagebuch dreimal gelesen
Es ist Unsinn!

Aussi incroyable que cela puisse paraître…  So unglaublich es auch klingen mag…	Je regrette d'avoir accepté de faire ça  Ich bereue, dem zugestimmt zu haben
Je regrette de ne pouvoir te le dire, les mots me manquent  Ich bedaure, es dir nicht sagen zu können, mir fehlen die Worte	**(Regarder)** **Il regardait la télé** *Ça me plaît beaucoup*  **(schauen)** **Er schaute fern** *Ich mag es sehr*

Je vais devoir vous laisser
Vous avez besoin d'aide ?

Ich muss dich lassen
Benötigen Sie Hilfe?

Jusqu'à preuve du contraire
fais de beaux rêves !

Bis zum Beweis des Gegenteils
Süße Träume!

Je reviens tout de suite
A plus tard !

Ich bin gleich wieder da
Bis später!

J'arrive dans un instant
Je vous enverrai un mot

Ich bin gleich da
Ich schicke dir eine Nachricht

Toi, tu me casses les pieds
Sans blague !

Du brichst mir die Füße
Kein Scherz!

53

Qu'est-ce qu'il y a Doc ?
Je meurs de faim

Was ist los, Doc?
Ich bin am Verhungern

54

Ça me fait plaisir de vous revoir !
Au revoir

Schön, Sie wiederzusehen!
Auf Wiedersehen

55

Que faites-vous dans la vie ?
Je travaille sur un nouveau modèle

Was machst du beruflich?
Ich arbeite an einem neuen Modell

56

Comment ça va la santé ?
Voulez-vous m'accompagner ?

Wie steht es um Ihre Gesundheit?
Begleitest du mich?

Si par hasard tu attrapes la clé ?
Tant pis !

Wenn Sie zufällig den Schlüssel finden?
Was für ein Pech!

Comment ça va ?
Ça m'a fait plaisir de te voir
Qu'est-ce que tu deviens ?

Wie geht es dir?
Es war mir eine Freude, Sie zu sehen
Was bist du geworden?

Ça fait des années qu'ils sont morts

Sie sind schon seit Jahren tot

Autrefois, il y avait ici un cinéma
Autrefois je jouai du tennis

Früher gab es hier ein Kino
Früher habe ich Tennis gespielt

61

A un de ces jours !
Merci bien !
Je vous en prie

Wir sehen uns eines Tages!
Vielen Dank!
Bitte

62

Ils se sont encore disputés !

Sie stritten sich wieder!

63

Vous pouvez m'accorder quelques instants ?
Pouvez-vous me rappeler votre nom ?

Können Sie mir ein paar Augenblicke Zeit geben?
Können Sie mich an Ihren Namen erinnern?

64

Vous voulez bien m'aider s'il vous plaît ?
Qu'est-ce que vous êtes chiant !

Würden Sie mir bitte helfen?
Wie nervig du bist!

Je n'étais pas encore aller au Népal !

Ich war noch nicht in Nepal gewesen!

Autrefois, je n'aimais pas la bière !

Früher mochte ich kein Bier!

D'où venez-vous ?
Ça me fait plaisir de vous voir !

Woher kommen Sie?
Schön, Sie zu sehen!

Je suis à vous dans deux minutes
Je vois de quoi tu parles

Ich bin in zwei Minuten bei dir
Ich weiß, wovon du sprichst

Je ne voudrais pas abuser de votre gentillesse
Je vais devoir vous laisser !

Ich möchte deine Freundlichkeit nicht ausnutzen
Ich muss dich verlassen!

Alors tu accouches, oui ?
Nous ne voulons pas vous faire attendre

Du bringst also ein Kind zur Welt, ja?
Wir wollen Sie nicht warten lassen

ça faisait un bail qu'on ne s'était pas vu

Es ist schon eine Weile her, dass wir uns gesehen haben

Laisse tomber, ça ne vaut pas la peine

Vergiss es, es lohnt sich nicht

Faites, je vous en prie !
Merci du compliment !

Tun, Gern geschehen!
Danke für das Kompliment!

Veinard, c'est toujours toi qui gagnes !
Tu as une de ces chances !

Sie haben Glück, Sie sind es immer, der gewinnt!
Sie haben eine dieser Chancen!

C'est un imbécile, il est idiot !
Il est complètement cinglé, non ?

Er ist ein Narr, er ist ein Idiot!
Er ist völlig verrückt, nicht wahr?

Pourtant, vous avez l'air de vous y connaître plutôt bien !

Allerdings scheinst du dich ziemlich gut auszukennen!

Elle est restée muette comme une carpe et elle s'est dégonflée !

Sie schwieg wie ein Karpfen und ließ die Luft ab!

Regardez-moi un peu ça ! **Vous rigolez !** *Excusez-moi, je n'écoutais pas*

Schauen Sie sich das nur an! **Du machst Witze!** *Entschuldigung, ich habe nicht zugehört*

Ça ne m'emballe pas trop
Qu'est-ce qu'on s'ennuie!

Ich bin nicht allzu begeistert davon
Wie gelangweilt sind wir!

Ne fait pas la fine bouche
Il a été piqué au vif !

Seien Sie nicht wählerisch
Er war bis auf das Mark gestochen!

Excusez-moi, je n'ai pas entendu votre prénom, Monsieur ...? *Je ne vous ai pas entendu.*

Entschuldigung, ich habe Ihren Namen nicht gehört, Sir...? *Ich habe dich nicht gehört.*

Ça te va à ravir !
Ça ne ressemble vraiment à rien !

Es passt perfekt zu Ihnen!
Es sieht wirklich nach nichts aus!

Permettez que je vous aide.
Je n'en crois pas mes yeux !

Erlauben Sie mir, Ihnen zu helfen.
Ich traue meinen Augen nicht!

Vous avez mal, vous souffrez ?
Pas de bol hein !

Hast du Schmerzen, du leidest ?
Kein Glück, oder?

Je suis expert en la matière.
Désolé, mais ce n'est pas mon truc

Ich bin ein Experte auf diesem Gebiet.
Entschuldigung, *aber das ist nicht mein Ding*

Tu as dit quelque chose ?
Quel bruit !
On ne peut pas en placer une.

Hast du etwas gesagt?
Was für ein Lärm!
Sie können keines platzieren.

Nous avons l'intention d'aller à Rome l'an prochain.
Il a une idée fixe

Wir beabsichtigen, nächstes Jahr nach Rom zu fahren.
Er hat eine fixe Idee

Entrez !
Comme vous pouvez le constater, ça ira mieux la prochaine fois !

Herein!
Wie ihr seht, wird es beim nächsten Mal besser!

Quel dommage !
Il faut choisir, sinon c'est n'importe quoi !

Schade! Du musst dich entscheiden, sonst ist es Quatsch!

C'est une grande gueule, mais il est d'un abord plutôt facile.

Er ist ein Großmaul, aber er ist ein ziemlich einfacher Ansatz.

Merci mille fois, *mais j'ai d'autres chats à fouetter*

Vielen Dank, *aber ich habe noch andere Fische zu braten.*

On annonce de la pluie.
Il pleut toujours là-bas !

Regen ist vorhergesagt.
Es regnet immer noch dort!

Que faites-vous dans la vie ? **Pas grand-chose !**
J'ai hâte de vous revoir.

Was machst du beruflich? **Nicht sehr!** *Ich freue mich auf ein Wiedersehen.*

Ça va durer longtemps ?
Il n'y a pas de quoi

Wird es lange dauern?
Da ist nichts

Tel père, tel fils. C'est bien le fils de son père !
Je ne trouve rien à redire !

Wie der Vater, so der Sohn. Er ist wirklich der Sohn seines Vaters! *Ich kann nichts finden, worüber ich mich beschweren könnte!*

Il a complètement déraillé ! Il est timbré !
C'est à vous de décider.

Es ist völlig aus den Fugen geraten! Es ist gestempelt!
Es liegt an Ihnen.

Tiens, il y avait longtemps que tu n'avais pas parlé de ça !
Que veux-tu que ça me fasse !

Hey, es ist schon lange her, seit du darüber gesprochen hast! *Was soll das mit mir machen!*

Tiens, regarde qui s'amène ?
Il était plongé dans ses pensées.

Hier, schau mal, wer da kommt?
Er war in Gedanken versunken.

Je me suis dit que je ferai mieux de t'en parler.
Ne comptez pas sur moi !

Ich dachte, ich erzähle dir lieber davon.
Verlassen Sie sich nicht auf mich!

Ces deux-là, ce sont les mêmes.
Ils ont eu un succès fou !

Sie sind zwei von einer Art
Sie schlugen ein wie eine Bombe

Bien, *où en étions-nous* ?
Il a changé d'avis !

Nun, wo waren wir?
Er hat es sich anders überlegt!

Elle sait ce qu'elle veut !
Elle ne pense à rien d'autre.

Sie weiß, was sie will !
Sie denkt an nichts anderes.

Qui est cette amie dont tu n'arrêtes pas de parler ?
Je ne la connais ni d'Ève, ni d'Adam.

Wer ist dieser Freund, von dem du immer wieder sprichst?
Ich kenne es nicht von Eva oder Adam.

Il vaut mieux parler du problème si tu veux détendre l'atmosphère

Es ist besser, über das Problem zu sprechen, wenn Sie die Atmosphäre auflockern möchten

---

Tu ne devineras jamais ce qui est arrivé au travail aujourd'hui

Sie werden nie erraten, was heute bei der Arbeit passiert ist

---

Je peux t'inviter à boire un verre

Ich kann dich auf einen Drink einladen

Elle est ravie d'assister à cette pièce de théâtre

Sie freut sich, dieses Stück zu besuchen

Les policiers saisissent les objets pouvant être des preuves

Die Polizei beschlagnahmte Gegenstände, die als Beweismittel dienen könnten

---

Le procès se déroulera dans quelques jours

Der Prozess findet in wenigen Tagen statt

L'assurance a déclaré que la tornade était une catastrophe imprévisible.

Die Versicherung sagte, der Tornado sei eine unvorhersehbare Katastrophe gewesen.

Il faut vraiment que tu te ressaisisses si tu veux décrocher ce boulot.

Man muss sich wirklich zusammenreißen, wenn man diesen Job bekommen will

Il a joué la comédie devant ses parents

Er handelte vor den Augen seiner Eltern

Tu devrais faire ce que tu as dit.
Il vaut mieux agir que parler.

Du solltest tun, was du gesagt hast.
Es ist besser zu handeln als zu reden.

C'est dommage que je ne l'aie pas vu.
Dommage que je ne puisse pas faire cela

Es ist eine Schande, dass ich es nicht gesehen habe.
Schade, dass ich das nicht kann

Karen a les chevilles qui enflent depuis qu'elle est responsable du projet

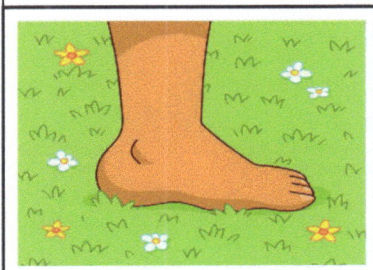

Karens Knöchel sind seitdem geschwollen Projektmanager

Guy avait hâte de régler ses comptes avec Louisa après ce qu'elle lui avait fait

Guy war begierig darauf, mit Louisa abzurechnen, nach dem, was sie ihm angetan hatte

Angela était sûre de gagner car elle avait tous les atouts en main.

Angela war sich des Gewinns sicher, weil sie alle Trümpfe in der Hand hatte.

Je n'ai soudainement plus eu de nouvelles de Bianca. C'est comme si elle s'était volatilisée.

Plötzlich hatte ich keine Nachricht mehr von Bianca. Es ist, als ob es verschwunden wäre.

Je marchais dans la rue quand Harry est apparu soudainement.

Ich ging die Straße entlang, als plötzlich Harry auftauchte.

Kévin est aux anges depuis qu'il a déménagé en Australie.

Kevin ist überglücklich, seit er nach Australien gezogen ist.

Ses problèmes d'argent sont devenus un boulet pour lui.

Seine Geldprobleme sind für ihn zu einem Mühlstein geworden.

Mon patron m'a donné le feu vert pour ce projet

Mein Chef gab mir Grünes Licht für dieses Projekt

Les enfants ont mangé des cookies. Ils ne tiennent plus en place maintenant !

Die Kinder aßen Kekse. Sie können nicht mehr stehen Jetzt an Ort und Stelle!

Alicia essaya de sauver les apparences après avoir découvert que son mari la trompait.

Alicia versuchte den Schein zu wahren, nachdem sie herausgefunden hatte, dass sie Ehemann hat sie betrogen.

Sa fille est la prunelle de ses yeux.

Seine Tochter ist sein Augapfel.

Ma voiture m'a coûté les yeux de la tête

Mein Auto hat mich einen Arm und ein Bein gekostet

Jessica est sortie boire un verre mais on lui a forcé la main.

Jessica ging etwas trinken, aber ihre Hand wurde gezwungen.

La famille d'accueil de Diane l'a accueillie à bras ouverts.

Dianes Pflegefamilie empfing sie mit offenen Armen.

La grand-mère d'Isabella aime remuer le passé.

Die Großmutter von Isabella mischt gerne die Vergangenheit auf.

Bill m'a refilé le bébé pendant qu'il est en vacances.

Bill hat mir das Baby gegeben, als er im Urlaub war.

Jack s'est démené pour demander à Rose de sortir avec lui.

Jack gab sich alle Mühe, Rose um ein Date zu bitten.

Nick aura son diplôme cette année s'il travaille dur.

Nick wird dieses Jahr seinen Abschluss machen, wenn er hart arbeitet.

Andrea est celle qui fait bouillir la marmite dans leur couple.

Andrea ist diejenige, die den Topf zum Kochen bringt in ihrer Beziehung.

Lily espérait que ses parents lui ficheraient la paix

Lily hoffte, dass ihre Eltern sie in Ruhe lassen würden

Petra est très amoureuse d'Igor.

Petra ist sehr verliebt in Igor.

Cet examen est vraiment facile. C'est dans la poche!

Diese Überprüfung ist wirklich einfach. Es ist in der Tasche!

Carlos connaît ce bâtiment comme sa poche.

Carlos kennt dieses Gebäude wie seine Westentasche.

Cette fête était géniale, on s'est bien amusés !

Diese Party war großartig, wir hatten viel Spaß!

Il faut que tu coopères si tu veux que Janet te laisse tranquille.

Du musst kooperieren, wenn du willst, dass Janet dich in Ruhe lässt.

Tim est devenu dingue quand il a découvert son cadeau d'anniversaire.

Tim drehte durch, als er von seinem Geburtstagsgeschenk erfuhr.

Edward peut être dur en affaires quand il le souhaite.

Edward kann hart im Geschäft sein, wann immer er will

Je n'ai pas le choix, ils m'ont à leur merci.

Ich habe keine Wahl, sie haben mich ihrer Gnade ausgeliefert.

Tu mènes un combat perdu d'avance; ton père ne changera pas d'avis.

Du kämpfst einen verlorenen Kampf; Dein Vater wird seine Meinung nicht ändern.

Je sais que tu n'aimes pas ça, mais tu dois tenir Claire à distance.

Ich weiß, dass es dir nicht gefällt, aber du musst Claire in Schach halten.

Leur société a démarré fort.

Ihr Unternehmen startete stark.

Décrocher cet emploi est le but ultime de Fiona.

Diesen Job zu bekommen, ist Fionas ultimatives Ziel.

Charlie a presque révélé le secret devant Anthony

Charlie hätte fast das Geheimnis vor Anthony gelüftet

Emily n'est pas à prendre avec des pincettes le matin.

Emily ist morgens nicht mit einem Körnchen Salz zu nehmen.

Max a eu le tout dernier téléphone portable avant tout le monde; il a devancé tous ses amis.

Max bekam das allerletzte Handy vor allen anderen; Er ist allen seinen Freunden vorausgegangen.

Thomas est vraiment de mauvaise humeur aujourd'hui ... il s'est levé du pied gauche?

Thomas ist richtig schlecht gelaunt Heute... Er stand mit dem linken Fuß auf?

Quand elle a une idée en tête, Sandra n'abandonne pas

Wenn sie eine Idee im Kopf hat, gibt Sandra nicht auf

Les enfants se sont dirigés droit vers les bonbons.

Die Kinder gingen direkt zu den Süßigkeiten.

Ce nom me rappelle quelque chose... Est-ce que c'est l'endroit où vit ta tante ?

Dieser Name erinnert mich an etwas... Wohnt hier deine Tante?

Mario a été sauvé par le gong quand sa mère est arrivée.

Mario wurde durch den Gong gerettet, als seine Mutter kam.

Nous avons beaucoup dépensé ce mois-ci. Il va falloir se serrer la ceinture.

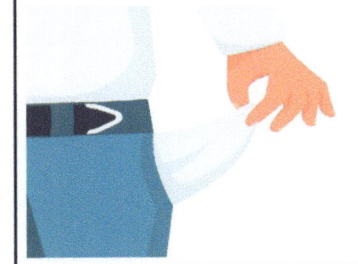

Wir haben diesen Monat viel ausgegeben. Wir werden den Gürtel enger schnallen müssen.

Ses parents l'ont soutenue totalement quand elle a décidé de changer de carrière.

Ihre Eltern unterstützten sie voll und ganz, als sie sich entschied, sich beruflich zu verändern.

Elle a fait tout son possible pour lui organiser la meilleure soirée d'anniversaire.

Sie hat sich alle Mühe gegeben, ihm die beste Geburtstagsparty zu schmeißen.

À partir de maintenant, j'évite ce genre de mecs.

Von nun an, Ich meide solche Typen.

Il ne nous donnera qu'un seul verre d'eau... Il faudra s'en contenter.

Er wird uns nur ein Glas Wasser geben...Damit müssen wir zufrieden sein.

Je prendrais le parapluie si j'étais toi. Il vaut mieux prévenir que guérir.

Ich würde den Regenschirm nehmen, wenn ich du wäre. Vorbeugen ist besser als heilen.

Maria a vaincu Milena à la fin du troisième set.

Maria besiegte Milena am Ende des dritten Satzes.

Qu'on puisse oublier ses enfants dans un supermarché, ça me dépasse.

Dass man seine Kinder im Supermarkt vergessen kann, ist mir schleierhaft.

Ce n'est pas le bon type de fromage mais ça fera l'affaire.

Es ist nicht die richtige Käsesorte, aber es wird reichen.

Depuis ma fenêtre, j'ai une vue d'ensemble de la prairie

Von meinem Fenster aus habe ich einen Überblick über die Wiese

Marcus est un lève-tôt

Marcus ist ein Frühaufsteher

Elle a fait d'une pierre deux coups en trouvant cet emploi.

Sie schlug zwei Fliegen mit einer Klappe, indem sie diesen Job fand.

Il était couvert de bleus le lendemain de sa chute dans les escaliers.

Er war am Tag nach seinem Sturz die Treppe hinunter mit blauen Flecken übersät.

j'ai essayé de retrouver mon sac mais j'ai fait chou blanc.

Ich habe versucht, meine Tasche zu finden, aber ich kam leer raus.

Paul est myope comme une taupe sans ses lunettes.

Paulus ist so kurzsichtig wie ein Maulwurf ohne Brille.

---

j'ai laissé mon téléphone sur la table et il a disparu en un clin d'œil.

Ich ließ mein Handy auf dem Tisch liegen und es verschwand Blitzschnell.

Lui faire accepter nos conditions n'était pas une mince affaire.

Es war keine leichte Aufgabe ihn dazu zu bringen, unseren Bedingungen zuzustimmen.

La façon dont Pierre parle à Gény me met hors de moi

Die Art und Weise, wie Pierre mit Gény spricht, macht mich wütend

---

Brent avait été absent pendant cinq ans quand il est réapparu sans prévenir.

Brent war fünf Jahre lang ausgefallen, als er ohne Vorwarnung wieder auftauchte

---

j'ai toujours le cafard le lundi.

Montags habe ich immer den Blues.

Mado a raflé la mise une nouvelle fois quand elle a accepté cette mission.

Mado erhielt erneut den Zuschlag, als Sie nahm diese Mission an.

La voix de Johnny quand il chante m'impressionne

Johnnys Stimme, wenn er singt, beeindruckt mich

Pour amortir le choc, on leur a donné un bonus financier quand ils ont été renvoyés.

Um den Schlag abzufedern, erhielten sie eine Prämie als sie gefeuert wurden.

Julie a attendu trop longtemps et a manqué le coche.

Julie wartete zu lange und verpasste das Boot.

Graham dit qu'il veut acheter une moto, mais il faudra me passer sur le corps!

Graham sagt, er wolle ein Motorrad kaufen, aber du musst meinen Körper überfahren!

Gerard, reste ici, j'ai un compte à régler avec toi

Gerard, bleib hier, ich habe eine Rechnung mit dir zu begleichen

---

Brice va quitter Maguy, j'en suis certain.

Brice wird Maguy verlassen, da bin ich mir sicher.

Je ronge mon frein en attendant les vacances

Ich nage an meinen Bremsen, während ich auf die Feiertage warte

---

Mon professeur veut que je réalise ce projet en suivant les règles mais j'aimerais essayer quelque chose de différent.

Mein Lehrer möchte, dass ich dieses Projekt nach den Regeln mache, aber ich würde gerne etwas anderes ausprobieren.

La voisine a dit « bonjour » ? C'est à marquer d'une pierre blanche!

Der Nachbar hat "Hallo" gesagt? Dies ist mit einem weißen Stein zu markieren!

Jeremy a la grosse tête depuis qu'il a eu sa promotion.

Jeremy hat einen großen Kopf, seit er befördert wurde.

Je te souhaite un joyeux anniversaire, du fond du cœur.

Ich wünsche dir alles Gute zum Geburtstag, von ganzem Herzen.

Je parlerai à Jeannette et ferai toute la lumière sur cette histoire.

Ich werde mit Jeannette sprechen und Licht in diese Geschichte bringen.

Mila a mis John à la porte après l'avoir vu avec Theresa.

Mila hat John rausgeschmissen, nachdem sie ihn mit Theresa gesehen hatte.

Le dernier étage de l'immeuble est interdit d'accès

Der Zugang zum obersten Stockwerk des Gebäudes ist verboten

Je n'ai aucune idée pour le cadeau d'anniversaire de Cathy. Est-ce que je peux faire appel à tes lumières ?

Ich habe keine Ahnung von Cathys Geburtstagsgeschenk. Kann ich Ihre Aufklärung in Anspruch nehmen?

Je me suis creusé la tête pour me souvenir de son numéro de téléphone.

Ich zerbrach mir den Kopf, um mir seine Telefonnummer zu merken.

Ils ont pris la fuite quand l'incendie a démarré

Sie flohen, als das Feuer ausbrach

---

j'espère avoir une augmentation cette année mais je ne me fais pas trop d'illusions.

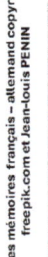

Ich hoffe, dass ich dieses Jahr eine Gehaltserhöhung bekomme, aber ich mache mir nicht zu viele Illusionen.

La vue du haut de l'Empire State Building va te couper le souffle.

Die Aussicht von der Spitze des Empire State Building wird Ihnen den Atem rauben.

Cet examen, c'est du gâteau

Diese Prüfung ist ein Kinderspiel

Nous devons nous réveiller de bonne heure pour prendre notre train.

Wir müssen früh aufstehen, um unseren Zug zu erwischen.

La voiture s'est arrêtée tellement près de moi que j'ai cru que j'allais casser ma pipe.

Das Auto hielt so nah vor mir, dass ich dachte, mein Rohr würde platzen.

Le projet de Cathy a été tué dans l'œuf quand son patron l'a confiée à une autre équipe.

Cathys Projekt wurde im Keim erstickt, als ihr Chef sie einem anderen Team anvertraute.

Ton adversaire ne va faire qu'une bouchée de toi.

Dein Gegner wird kurzen Prozess mit dir machen.

L'étrange bruit que j'ai entendu hier soir m'a fichu la trouille.

Das seltsame Geräusch, das ich letzte Nacht hörte, machte mir Angst.

Je n'ai pas eu de nouvelles d'Anna, donc j'ai décidé de remettre le projet à plus tard.

Ich habe nichts von Anna gehört, also habe ich beschlossen, das Projekt zu verschieben.

Elle a l'air si innocente qu'on lui donnerait le bon Dieu sans confession.

Sie sieht so unschuldig aus, dass man ihr den lieben Gott ohne Beichte geben würde.

J'ai toujours le trac avant de prendre la parole en public

Ich habe immer Lampenfieber, bevor ich in der Öffentlichkeit spreche

Elle est presque tombée de l'échelle. Ça aurait pu tourner mal.

Beinahe wäre sie von der Leiter gefallen. Es hätte schief gehen können.

205

Le problème au travail est un vrai sac de nœuds

Das Problem bei der Arbeit ist ein echter Sack voller Knoten

206

Elle brûlait la bougie par les deux bouts mais elle a beaucoup changé récemment

Früher brannte sie die Kerze an beiden Enden an, aber das hat sich in letzter Zeit stark verändert

207

On ne peut pas lui faire confiance pour faire partie d'une équipe, il n'en fait qu'à sa tête

Ihm kann man nicht zutrauen, dass er Teil eines Teams ist, er tut, was er will.

208

Ce devoir est difficile. Tu vas devoir faire travailler tes méninges.

Diese Aufgabe ist schwierig. Sie werden es in die Tat umsetzen müssen Ihr Gehirn.

Ses parents promirent de lui acheter un billet de concert mais ils ont mis la charrue avant les bœufs.

Seine Eltern versprachen, ihm eine Konzertkarte zu kaufen, aber sie zäumten das Pferd von hinten auf.

Marc savait quelque chose sur Erika mais il a révélé le secret par mégarde.

Marc wusste etwas über Erika, aber er hat versehentlich das Geheimnis gelüftet.

Vera n'a pas encore trouvé sa robe de mariage mais elle est sur le coup.

Vera hat ihr Hochzeitskleid noch nicht gefunden, aber Sie ist an dem Fall dran.

Milena pensait avoir gagné mais son adversaire avait toujours un atout dans sa manche.

Milena dachte, sie hätte gewonnen, aber ihre Gegnerin hatte gewonnen Immer ein Ass im Ärmel.

Tu ne peux pas continuer à me faire tourner en bourrique, j'ai besoin d'une réponse de suite !

Du kannst nicht mehr weitermachen, Ich brauche sofort eine Antwort!

Marc fouillait dans les affaires d'Yvonne quand il a été pris la main dans le sac.

Marc durchwühlte Yvonnes Sachen, als er auf frischer Tat ertappt wurde.

Mickael et Gérard sont comme le jour et la nuit en ce qui concerne leur personnalité

Mickael und Gérard sind wie Tag und Nacht, wenn es um ihre Persönlichkeiten geht.

Notre patron nous a donné carte blanche pour organiser la soirée d'entreprise.

Unser Chef gab uns freie Hand, um die Firmenfeier zu organisieren.

Dis-moi ce qui ne va pas, vide ton sac

Sag mir, was los ist, Leeren Sie Ihre Tasche

Jane a de bonnes chances de décrocher le travail de ses rêves.

Jane hat gute Chancen, ihren Traumjob zu bekommen.

Nous devrions gagner le tournoi mais je ne veux pas vendre la peau de l'ours avant de l'avoir tué.

Wir sollten das Turnier gewinnen, aber ich will das Fell des Bären nicht verkaufen, bevor ich ihn getötet habe.

Tiens bon, ça va s'arranger.

Moment mal, es wird besser.

221

Son discours a touché la corde sensible quand il a mentionné ses enfants.

Seine Rede traf einen Nerv, als er seine Kinder erwähnte.

222

Les choses sont revenues au point de départ à la fin du film.

Die Dinge gingen wieder dorthin, wo sie am Ende des Films begonnen hatten.

223

La maison est propre comme un sou neuf pour recevoir mes parents.

Das Haus ist sauber wie ein Penny, um meine Eltern zu empfangen.

224

Tu dois avouer tes problèmes si tu veux que l'on t'aide.

Man muss sich seine Probleme eingestehen, wenn man sich helfen lassen will.

Si je pouvais revenir en arrière, beaucoup de choses seraient différentes.

Wenn ich zurückgehen könnte, wäre vieles anders.

Mes enfants sont tous coulés dans le même moule.

Meine Kinder sind alle in der gleichen Form.

Mickey s'est fait passer un savon pour être sorti sans prévenir ses parents.

Mickey bekam eine Seife, weil er ausging, ohne seinen Eltern Bescheid zu sagen.

Sonia nous a raconté une histoire à dormir debout à propos de ce qui lui est arrivé hier soir.

Sonia erzählte uns eine Geschichte zum Schlafen darüber, was ihm letzte Nacht passiert ist.

Tu devrais lui rendre la monnaie de sa pièce après ce qu'il t'a fait.

Du solltest ihm danach seine Gunst zurückgeben was er dir angetan hat.

Milena s'est montrée sous son vrai jour pendant ses vacances avec Sophie.

Milena zeigte sich während ihres Urlaubs mit Sophie in ihrem wahren Licht.

Ne tire pas des conclusions trop hâtives, ils ne se sont toujours pas expliqués.

Ziehen Sie keine voreiligen Schlüsse, das haben sie nicht getan immer noch nicht erklärt.

Ne pas dire la vérité à Brigitte me pèse sur la conscience depuis des semaines.

Dass ich Brigitte nicht die Wahrheit gesagt habe, lastet seit Wochen auf meinem Gewissen.

233

Bill est arrivé à son examen avec une heure de retard, mais il était d'un calme olympien.

Bill kam eine Stunde zu spät zu seiner Prüfung, aber er war ruhig wie ein Olympionike.

234

Notre patron a perdu son sang-froid devant les clients.

Unser Chef verlor vor den Kunden die Beherrschung.

235

L'idée de Marc a été tournée en ridicule.

Marcs Idee wurde belächelt.

236

L'espion russe a démasqué Bill

Der russische Spion entlarvte Bill

La façon dont Julia regarde Frédéric me donne la chair de poule.

Die Art und Weise, wie Julia Frédéric ansieht, bereitet mir Gänsehaut.

Fanny n'exprime pas vraiment ses opinions, elle suit généralement le mouvement.

Fanny äußert nicht wirklich ihre Meinung, sie lässt sich meist treiben.

Jina craquait pour Paul mais elle a rencontré Alfred.

Jina verliebte sich in Paul, aber sie lernte Alfred kennen.

Pour l'amour de Dieu, tu ne peux pas juste aller lui parler?

Um Gottes Willen, kannst du nicht einfach mit Ihm reden?

Je n'aime pas préparer mes discours donc j'improvise toujours au pied levé.

Ich mag es nicht, meine Reden vorzubereiten, also improvisiere ich immer kurzfristig.

Les enfants voulaient savoir quels étaient leurs cadeaux de Noël mais je leur ai dit que la curiosité est un vilain défaut.

Die Kinder wollten wissen, was ihre Weihnachtsgeschenke seien, aber ich sagte ihnen, dass Neugier etwas Schlechtes ist.

Il m'a foudroyé du regard quand j'ai commencé à parler de sa nouvelle petite amie.

Er starrte mich an, als ich anfing, über seine neue Freundin zu sprechen.

Quand il est devenu clair que nous ne pourrions finir à temps, nous avons décidé de nous arrêter là.

Als klar wurde, dass wir nicht rechtzeitig fertig werden konnten, beschlossen wir, dort anzuhalten.

Il était le meilleur employé de l'entreprise mais il a fait son temps.

Er war der beste Mitarbeiter im Unternehmen, aber er tat es seine Zeit.

Ça m'a fait très plaisir que tu viennes me voir au travail !

Es hat mich sehr gefreut, dass du gekommen bist, um mich bei der Arbeit zu sehen!

N'écoute pas la musique trop fort ou tu seras sourd comme un pot.

Hören Sie die Musik nicht zu laut, sonst werden Sie verdammt taub.

C'est arrivé juste une fois, n'en fais pas tout un plat.

Es ist nur einmal passiert, mach keine große Sache daraus.

Faire réparer la voiture a vraiment entamé leurs économies.

Die Reparatur des Autos hat ihre Ersparnisse wirklich geschmälert.

Ma mère est totalement dépassée quand on parle de technologie.

Meine Mutter ist total überfordert, wenn es um Technik geht.

Andrea pourra t'aider à ton arrivée mais tu devras te débrouiller toute seule ensuite.

Andrea kann Ihnen bei Ihrer Ankunft helfen, aber danach müssen Sie sich selbst versorgen.

Voilà Donald. Quand on parle du loup

Das ist Donald. Wenn man vom Teufel spricht, kommt er gerannt

Rose, fuchsia. C'est du pareil au même.

Rosa, Fuchsia. Es ist alles dasselbe.

Son patron n'arrête pas de le traiter comme un chien

Sein Chef behandelt ihn immer wieder wie einen Hund

Philippe est un empêcheur de tourner en rond. Il n'utilise jamais sa voiture mais il ne veut pas me la prêter.

Philippe ist ein Hindernis, wenn es darum geht, sich im Kreis zu drehen. Er benutzt sein Auto nie, aber er will es mir nicht leihen.

Maria travaille comme une folle pour payer les factures.

Maria arbeitet wie verrückt, um die Rechnungen zu bezahlen.

Tu peux être certain qu'elle viendra avec Edouard.

Sie können sicher sein, dass sie mit Edward kommen wird.

Tu es superbe dans cette robe!

Du siehst toll aus in diesem Kleid!

Mon père a eu cet emploi parce qu'il a été pistonné.

Mein Vater hat diesen Job bekommen, weil er unter Pistonen stand.

Nous sommes tombés d'accord sur la plupart des conditions mais il nous reste à apporter la touche finale

Wir haben uns auf die meisten Bedingungen geeinigt, aber wir müssen noch den letzten Schliff geben

Les choses ne fonctionnent pas ainsi... On doit tout recommencer à zéro.

So funktioniert es nicht... Wir müssen wieder von vorne anfangen.

Son patron l'a laissée partir, si tu vois ce que je veux dire

Ihr Chef hat sie gehen lassen, wenn du verstehst, was ich meine

Ses discours sont ennuyeux à mourir

Seine Reden sind zu Tode langweilig

Mathématiques, c'est de l'hébreu pour moi.

Mathematik ist für mich Hebräisch.

Ma vieille voisine me pompe toujours l'air en me parlant de ses chats.

Meine alte Nachbarin saugt mir immer die Luft aus dem Leib, wenn sie mit mir über ihre Katzen spricht.

On ne sait jamais comment il va réagir. Il faudra improviser le moment venu.

Man weiß nie, wie er reagieren wird. Wir werden improvisieren müssen, wenn die Zeit gekommen ist.

Je ne sais pas encore ce qu'il va passer mais j'ouvre grand les oreilles.

Ich weiß noch nicht, was passieren wird, aber ich öffne meine Ohren weit.

La nouvelle employée manque d'expérience donc je vais devoir l'aider.

Der neuen Mitarbeiterin fehlt es an Erfahrung, also muss ich ihr helfen

Nous avons fini par dénicher Emily dans la section bandes dessinées du magasin.

Am Ende fanden wir Emily in der Strip-Sektion aus dem Laden.

Ils n'ont pas été trop durs envers Betty lors de sa première semaine de travail.

In ihrer ersten Woche im Job waren sie nicht allzu Betty.

Je ne sais pas ce qu'il se passe, je suis sur les nerfs

Ich weiß nicht, was los ist, ich bin nervös

Je voulais impressionner Magali mais je me suis couvert de ridicule.

Ich wollte Magali beeindrucken, aber ich habe mich mit Spott bedeckt.

Babette s'est finalement débarrassée de Michel

Babette wurde Michel endlich los

Ce que tu dis ne compte pas en fin de compte, c'est ce que tu fais.

Was du sagst, ist am Ende nicht wichtig, es ist das, was du tust.

Cette annonce n'est qu'un début. Il y aura d'autres changements à venir.

Diese Ankündigung ist erst der Anfang. Es wird noch weitere geben Kommende Veränderungen.

Elle s'est indignée de la nouvelle règle sur son lieu de travail.

Sie war empört über die neue Regel an ihrem Arbeitsplatz.

Ses parents lui ont demandé d'essayer de repérer leur chat disparu.

Seine Eltern baten ihn, zu versuchen, ihre vermisste Katze zu finden.

Bill et Pauline sont d'accord à propos de leurs prochaines vacances.

Bill und Pauline einigen sich über ihren nächsten Urlaub.

C'est apparu comme une évidence à quel point Paul aime Maria quand elle a commencé à sortir avec Joe.

Es war offensichtlich, wie sehr Paul Maria liebt, als sie anfing, mit Joe auszugehen.

Elle a épousé Bernard en toute connaissance de cause

Sie heiratete Bernard in voller Kenntnis der Sachlage

Daniel est allé à l'encontre de nos conseils pour prouver qu'il avait raison.

Daniel hat sich gegen unseren Rat gestellt, um zu beweisen, dass er Recht hatte.

Ce n'est pas facile de garder son sérieux quand elle te regarde ainsi.

Es ist nicht leicht, ihre Ernsthaftigkeit zu bewahren, wenn sie dich so ansieht.

L'équipe adverse nous a battu sans tricher

Die gegnerische Mannschaft hat uns geschlagen, ohne zu betrügen

Nous taillions une bavette depuis plus de deux heures quand nous réalisâmes que nous étions en retard

Wir hatten mehr als zwei Stunden lang ein Lätzchen gestutzt, als wir merkten, dass wir zu spät kamen

---

La façon dont nos parents nous ont élevés est quelque chose dont ils peuvent être fiers.

Die Art und Weise, wie unsere Eltern uns erzogen haben, ist etwas, auf das sie stolz sein können.

C'était juste pour s'amuser!
Sans rancune?

It was just for fun!
No hard feelings?

---

je voulais voyager tout seul mais à la dernière minute, j'ai eu la trouille.

Ich wollte alleine reisen, aber in letzter Minute hatte ich Angst.

Nous sommes toujours débordés avant l'été.

Wir sind immer vor dem Sommer überwältigt.

La demande en mariage de Billy a fait perdre la tête à Maud.

Billys Heiratsantrag ließ Maud den Verstand verlieren.

Arrête de ménager la chèvre et le chou et dis-nous ce que tu penses !

Hören Sie auf, die Ziege und den Kohl zu schonen und sagen Sie uns, was Sie denken!

Si ta sœur savait ce qu'il venait de se passer, elle s'en donnerait à cœur joie.

Wenn deine Schwester wüsste, was gerade passiert ist, würde sie eine tolle Zeit haben.

La nouvelle du départ de Matilde était complètement inattendue.

Die Nachricht von Matildes Abreise kam völlig unerwartet.

Il aimait chercher la bagarre quand il était plus jeune.

Als er jünger war, suchte er gerne den Kampf.

Elle le mène par le bout du nez à chaque fois qu'elle lui demande quelque chose.

Sie führt ihn jedes Mal an der Nase herum, wenn sie ihn um etwas bittet.

Ils se tuaient tous les deux à la tâche pour rembourser leur prêt hypothécaire.

Sie brachten sich beide um, um ihre Hypotheken abzubezahlen.

Il boit comme un trou mais il est toujours très poli.

Er trinkt wie ein Loch, aber er ist immer sehr höflich.

Ne t'énerve pas contre lui, nous avons d'autres chats à fouetter.

Sei ihm nicht böse, wir haben noch andere Fische zu braten.

Elle a 94 ans mais elle est en excellente santé

Sie ist 94 Jahre alt, aber bei bester Gesundheit

Ce que Rosana a dit à Milena lors de la soirée a jeté de l'huile sur le feu.

Was Rosana auf der Party zu Milena gesagt hatte, goss Öl ins Feuer.

Il l'a invitée à sortir avec lui mais elle l'a envoyé balader.

Er lud sie ein, mit ihm auszugehen, aber sie schickte ihn weg.

Notre équipe les a battus à plates coutures pour la première fois.

Unser Team hat sie zum ersten Mal geschlagen.

---

j'aimerais être une petite souris pour savoir ce qui se passe pendant ces réunions.

Ich wäre gerne eine kleine Maus, um zu wissen, was findet während dieser Sitzungen statt.

Tu te berces d'illusions si tu crois que tu peux vivre à New York sans travailler.

Du täuschst dich selbst, wenn du glaubst, dass du leben kannst in New York, ohne zu arbeiten.

Tout le monde l'aime bien parce qu'elle fait toujours de son mieux.

Jeder mag sie, weil sie es immer tut nach besten Kräften.

Je crois que j'ai encore fait une gaffe avec Anna.

Ich glaube, ich habe wieder einen Fehler mit Anna gemacht.

Je n'arrête pas de tousser. Je crois que j'ai un chat dans la gorge.

Ich kann nicht aufhören zu husten. Ich glaube, ich habe eine Katze im Hals.

Brigitte a piqué une crise quand j'ai commencé à parler de Daniel.

Brigitte bekam einen Wutanfall, als ich anfing, über Daniel zu sprechen.

Fais attention à Raymond. Il m'a déjà mené en bateau une fois.

Nimm dich vor Raymond in Acht. Er hat mich schon auf ein Boot mitgenommen Einmal.

Il passa l'arme à gauche à l'âge de 88 ans

Im Alter von 88 Jahren reichte er die Waffe nach links weiter

Tu ne devrais pas prendre des gants avec lui, il doit apprendre comment le travail se passe vraiment.

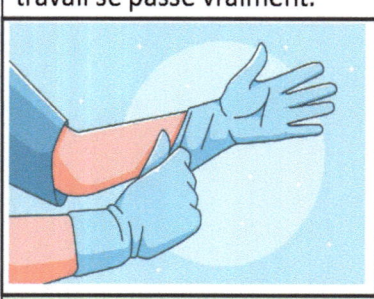

Du solltest ihm keine Handschuhe ausziehen, er muss erfahren Sie, wie die Arbeit wirklich funktioniert.

Ils ont réussi leur projet malgré le court délai.

Sie haben ihr Projekt trotz der kurzen Frist erfolgreich abgeschlossen.

Jean a encore fait le pitre en classe aujourd'hui.

Jean war heute ein weiterer Clown in der Klasse.

j'ai tiré le bon numéro avec Gilles, c'est vraiment le meilleur petit ami !

Ich habe mit Gilles die richtige Zahl gezogen, er ist wirklich der beste Freund!

On dit que les petites filles sont sages comme des images mais ce n'est pas toujours vrai.

Man sagt, dass kleine Mädchen so gut sind wie Bilder, aber das stimmt nicht immer.

Je sens que les enfants mijotent quelque chose aujourd'hui.

Ich habe das Gefühl, dass die Kinder sich heute etwas ausdenken.

j'ai appris par le téléphone arabe que Maria avait trouvé un nouveau boulot.

Über das arabische Telefon erfuhr ich, dass Maria einen neuen Job gefunden hatte

Brandon ne traîne jamais quand on lui confie un nouveau projet.

Brandon trödelt nie, wenn er ein neues Projekt bekommt.

Cette maison n'est pas parfaite mais nous allons devoir faire contre mauvaise fortune bon cœur pour le moment.

Dieses Haus ist nicht perfekt, aber wir werden Mit Pech mit einem für den Moment guten Herzens umgehen zu müssen

Je ne l'avais encore jamais vue perdre les pédales

Ich hatte sie noch nie zuvor den Verstand verlieren sehen

Je sais que la situation n'est pas facile mais tu dois tenir bon.

Ich weiß, es ist nicht einfach, aber man muss durchhalten.

je voulais dire non mais il m'a mis le couteau sous la gorge

Ich wollte nein sagen, aber er hielt mir das Messer an die Kehle

Elle a agi prématurément et a annoncé à notre patron que le client avait accepté avant que le contrat soit signé.

Sie handelte voreilig und teilte unserem Chef mit, dass der Kunde vor Vertragsunterzeichnung zugestimmt habe.

Daniel est resté sur ses positions même après que notre manager lui a parlé.

Daniel blieb standhaft, auch nachdem unser Manager mit ihm gesprochen hatte.

j'ai passé une très mauvaise semaine ; je vais me laisser aller ce week-end !

j'ai passé une très mauvaise semaine ; je vais me laisser aller ce week-end !

325

J'ai entendu Monica raconter des histoires qui te feraient faire dresser les cheveux sur la tête.

Ich habe Monica Geschichten erzählen hören, bei denen einem die Haare zu Berge stehen würden.

326

Marc est un gentil garçon mais il coupe toujours les cheveux en quatre.

Marc ist ein netter Junge, aber er spaltet immer die Haare.

327

Tu ne devrais pas cracher dans la soupe, ils sont vraiment très gentils avec toi.

In die Suppe sollte man nicht spucken, sie sind Wirklich sehr nett zu Ihnen.

328

Ils ont toujours mené une existence précaire.

Sie haben immer ein prekäres Dasein geführt.

Ma sœur était aux petits soins pour ma mère quand elle était malade.

Meine Schwester hat sich um meine Mutter gekümmert, als sie krank war

J'ai enfin pigé ce jeu.

Endlich habe ich dieses Spiel bekommen.

Michel et Jean ont enterré la hache de guerre pour de bon.

Michel und Jean haben das Kriegsbeil für immer begraben.

Sa décision de partir pour l'Argentine a précipité ma demande en mariage.

Seine Entscheidung, nach Argentinien zu gehen, führte zu meinem Heiratsantrag.

Joan est tombé éperdument amoureuse de Richard.

Joan verliebte sich Hals über Kopf in Richard

On peut toujours deviner ce qu'elle pense; elle laisse voir ses sentiments.

Man kann immer erraten, was sie denkt; Sie lässt sich ihre Gefühle anmerken.

Elles sont décidées à gagner le championnat coûte que coûte.

Sie sind entschlossen, die Meisterschaft um jeden Preis zu gewinnen.

Il rangera sa chambre quand les poules auront des dents

Er wird sein Zimmer aufräumen, wenn die Hühner Zähne haben

Maud a laissé Gérard en plan quand elle est tombée sur Jenifer.

Maud ließ Gérard im Stich, als sie Jenifer begegnete.

Tes remarques étaient plutôt blessantes

Ihre Bemerkungen waren ziemlich verletzend

---

j'ai essayé de lui parler mais c'était en pure perte, il n'écoute jamais.

Ich habe versucht, mit ihm zu reden, aber es ist, als würde man ein totes Pferd auspeitschen, er hört nie zu.

j'ai dû remettre mon voyage à plus tard parce que j'avais trop de travail.

Ich musste meine Reise verschieben, weil ich zu viel Arbeit hatte.

La surprise partie était géniale mais le fait que tu sois venu était la cerise sur le gâteau.

Die Überraschungsparty war super, aber die Tatsache, dass du gekommen bist, war das i-Tüpfelchen.

Tu devrais battre le fer pendant qu'il est chaud, il te dira peut-être oui aussi.

Du solltest zuschlagen, solange das Eisen heiß ist, er könnte auch ja zu dir sagen.

J'ai laissé tomber Jennifer quand elle a oublié notre rendez-vous pour la troisième fois consécutive.

Ich ließ Jennifer im Stich, als sie zum dritten Mal in Folge unser Date vergaß.

Mélanie éprouve de la difficulté à parler de ses sentiments à ses amies.

Melanie fällt es schwer, mit ihren Freunden über ihre Gefühle zu sprechen

---

Sylvie arrive au bureau tôt le matin pour avoir une longueur d'avance sur tout le monde.

Sylvie kommt früh morgens ins Büro, um sich einen Vorsprung zu verschaffen Jeder.

Ils se sont tenus au courant de ce qui est arrivé à leurs voisins pendant un moment mais ils se sont arrêtés après leur déménagement.

Sie hielten sich auf dem Laufenden, was mit ihren Nachbarn für eine Weile, aber sie kamen vorbei, nachdem sie umgezogen waren.

---

j'ai essayé de lui parler mais elle est très discrète

Ich habe versucht, mit ihr zu sprechen, aber sie ist sehr diskret

Tu dois arrêter avant qu'il ne soit trop tard.

Man muss aufhören, bevor es zu spät ist.

Il m'a insulté devant mes amis, je vais lui rendre la monnaie de sa pièce.

Er hat mich vor meinen Freunden beleidigt, ich werde ihm seine Gunst zurückgeben.

Elle m'en veut parce que j'ai été promu à sa place.

Sie ist wütend auf mich, weil ich an ihrer Stelle befördert wurde.

Ils se sont mariés six mois seulement après leur rencontre.

Sie heirateten nur sechs Monate, nachdem sie sich kennengelernt hatten.

Nous allons devoir tâter le terrain avant de leur demander une faveur

Wir müssen das Wasser vorher testenum einen Gefallen bitten

Il vivait à cent à l'heure et il est mort jeune.

Er lebte mit hundert Meilen pro Stunde und starb jung.

Il attend toujours que tout lui tombe tout cuit dans le bec.

Er wartet immer noch darauf, dass ihm alles in den Mund fällt.

j'aimerais que mon fils prenne exemple sur ta fille

Ich möchte, dass mein Sohn deinem Beispiel folgt

Ses résultats scolaires se sont améliorés à pas de géant.

Seine schulischen Leistungen haben sich sprunghaft verbessert.

Ne t'inquiète pas de ce qu'il dit, il n'a aucun argument valable.

Mach dir keine Sorgen darüber, was er sagt, er hat kein stichhaltiges Argument.

Il me fait marcher depuis quelques jours à propos de nos prochaines vacances.

Er geht seit ein paar Tagen mit mir über unseren bevorstehenden Urlaub spazieren.

Jean-Marc s'est donné beaucoup de mal pour organiser l'anniversaire de sa mère.

Jean-Marc hat sich große Mühe gegeben, den Geburtstag seiner Mutter zu organisieren.

Ils ont essayé d'étouffer le problème mais l'information s'est finalement ébruitée.

Sie versuchten, das Problem zu vertuschen, aber die Informationen
Endlich raus.

Ils ont révélé ses secrets quand ils ont découvert ses vieux journaux intimes.

Sie enthüllten seine Geheimnisse, als sie seine alten Tagebücher entdeckten

Le bébé s'est endormi tout de suite

Das Baby schlief sofort ein

j'avais la gorge serrée quand elle s'est éloignée.

Mir war die Kehle zugeschnürt, als sie wegging

EXPRESSIONS IDIOMATIQUES niveau II

IDIOME Stufe II

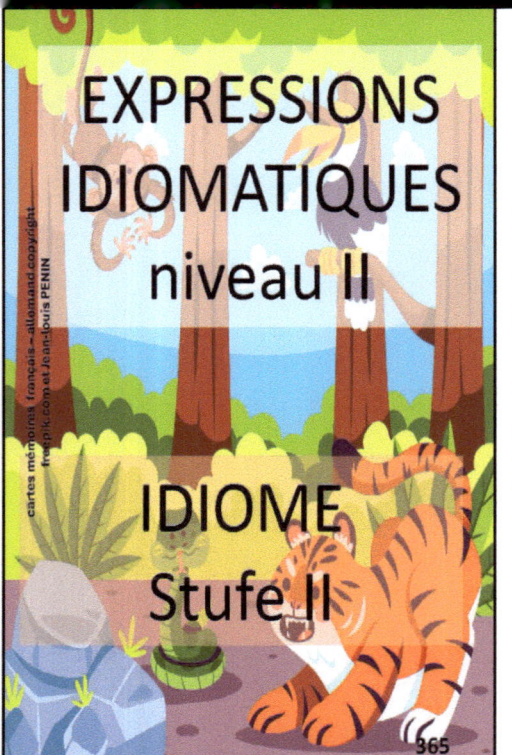

---

un compte à régler quand on veut parler à quelqu'un de quelque chose d'ennuyeux qu'il a fait. Je suis vraiment bouleversée. J'ai un compte à régler avec vous. Vous avez de nouveau utilisé ma voiture, sans ma permission.

Eine Rechnung zu begleichen, wenn man mit jemandem über etwas Langweiliges sprechen möchte, das er getan hat. Ich bin wirklich verärgert. Ich habe eine Rechnung mit Ihnen zu begleichen. Du hast mein Auto wieder benutzt, ohne meine Erlaubnis.

Êtes-vous prêt à partir ?
Oui, je suis prêt !
Être épuisé (fatigué).
Je suis épuisé à la fin de la journée.

Sind Sie bereit zu gehen?
Ja, ich bin bereit!
Erschöpft (müde) zu sein.
Am Ende des Tages bin ich erschöpft

Tout à coup, un homme de grande taille avec un manteau noir entra dans la pièce.

Plötzlich betrat ein großer Mann in einem schwarzen Mantel den Raum.

Quelque chose de très facile à faire. Courir un semi-marathon ? Du gâteau! Un jeu d'enfant.

Etwas, das sehr einfach zu machen ist. Laufen Sie einen Halbmarathon? Spielend leicht! Spielend leicht.

En règle générale : une règle qui n'est pas basée sur la science, mais sur l'expérience personnelle Une bonne règle de base est d'ajouter 10 œufs et un kg de farine pour faire des crêpes.

Als Faustregel gilt: eine Regel, die nicht auf Wissenschaft, sondern auf persönlicher Erfahrung beruht Eine gute Faustregel ist, 10 Eier und ein kg Mehl hinzuzufügen, um Pfannkuchen zu machen.

Il était moins une quand quelque chose de grave a failli arriver.
J'ai failli rater mon vol pour Los Angeles. Il était moins une.

Er war noch nicht einmal eins, als beinahe etwas Ernstes passiert wäre. Beinahe hätte ich meinen Flug nach Los Angeles verpasst. Er hatte ein Minus.

Plus facile à dire qu'à faire, il est plus facile de parler de quelque chose que de le faire réellement. Arrêter de fumer est plus facile à dire qu'à faire.

Leichter gesagt als getan, es ist einfacher, über etwas zu sprechen, als es tatsächlich zu tun. Mit dem Rauchen aufzuhören ist leichter gesagt als getan.

De temps en temps, assez souvent, régulièrement
De temps en temps, je me promène au bord de la mer.

Von Zeit zu Zeit, ziemlich oft, regelmäßig
Von Zeit zu Zeit gehe ich am Meer entlang.

Tous les deux jours : Je prends une douche tous les jours, mais je ne me lave les cheveux qu'un jour sur deux.

Jeden zweiten Tag: Ich dusche jeden Tag, aber ich wasche meine Haare nur jeden zweiten Tag.

En présentiel : en personne
J'ai vraiment besoin de te voir face à face avant d'aller plus loin dans notre relation.

Persönlich: persönlich
Ich muss dich wirklich von Angesicht zu Angesicht sehen, bevor wir in unserer Beziehung weitermachen.

En désaccord avec : ne pas être d'accord avec.
Mon voisin et moi sommes constamment en désaccord l'un avec l'autre.

Stimme nicht zu: nicht einverstanden sein.
Mein Nachbar und ich sind ständig im Streit miteinander.

Une goutte d'eau dans l'océan : petite et insignifiante par rapport à l'ensemble. La promesse des États-Unis de verser 100 millions de dollars au fonds pour la forêt tropicale n'est qu'une goutte d'eau dans l'océan.

Ein Tropfen auf den heißen Stein: klein und unbedeutend im Vergleich zum Ganzen. Die Zusage der USA, 100 Millionen Dollar für den Regenwaldfonds bereitzustellen, ist nur ein Tropfen auf den heißen Stein.

Pénible, casse pied : une personne qui vous agace.
Dave est casse pied. Il se moque constamment de moi

Schmerzhaft, nervig: eine Person, die dich nervt.
Dave ist eine Nervensäge. Er macht sich ständig über mich lustig

---

Allez droit au but : commencez à parler de la chose la plus importante.
S'il vous plaît, arrêtez de tourner autour du pot. Allez droit au but !

Kommen Sie gleich auf den Punkt: Fangen Sie an, über das Wichtigste zu sprechen. Bitte hören Sie auf, um den heißen Brei herumzureden. Kommen Sie direkt auf den Punkt!

Servez-vous : pour donner la permission de faire ou de prendre quelque chose.
Si vous avez faim, il y a beaucoup de nourriture dans le réfrigérateur. Servez-vous !

Bedienen Sie sich : die Erlaubnis geben, etwas zu tun oder zu nehmen. Wenn Sie hungrig sind, finden Sie im Kühlschrank genügend Lebensmittel. Bedienen Sie sich!

Deux secondes : soyez patient.
Je suis presque prêt à partir. Deux secondes !

Zwei Sekunden: Seien Sie geduldig. Ich bin fast bereit zu gehen. Zwei Sekunden!

À long terme : sur une longue période
L'achat d'un bien immobilier est une bonne décision à long terme.

Langfristig: über einen langen Zeitraum. Der Kauf einer Immobilie ist eine gute langfristige Entscheidung.

Tout d'abord, avant tout : les questions les plus importantes doivent être traitées avant toute autre chose
Par où commencer ? Tout d'abord, choisissons le meilleur endroit pour planter la tente.

In erster Linie: Die wichtigsten Themen müssen vor allem anderen geklärt werden
Wo soll ich anfangen? Zuerst wählen wir den besten Platz aus, um das Zelt aufzuschlagen.

Tout cela pour dire que : le facteur le plus important
Tout cela pour dire que c'est votre patron qui vous harcèle. Vous devriez démissionner.

All dies soll sagen, dass: Der wichtigste Faktor
All dies, um zu sagen, dass es dein Chef ist, der dich schikaniert. Sie sollten zurücktreten.

au tout dernier moment : juste à temps.
Sophia a terminé la chambre du bébé juste à temps.

im allerletzten Moment: just in time. Sophia war gerade noch rechtzeitig mit dem Babyzimmer fertig.

Donner matière à réflexion : quelque chose qui vaut la peine d'être réfléchi.
Ils aiment beaucoup cette chronique dans le journal ; Cela leur donne matière à réflexion.

Geben Sie Denkanstöße: etwas, worüber es sich zu denken lohnt. Diese Kolumne in der Zeitung gefällt ihnen wirklich gut; Es gibt ihnen Denkanstöße.

Merde, bonne chance !
souhaiter bonne chance, surtout avant une représentation
Ce soir, c'est la première du film. Bonne chance!

Scheiße, viel Glück!
Ich wünsche viel Glück, vor allem vor einem Auftritt
Heute Abend ist die Premiere des Films. Viel Glück!

Un petit mensonge : un mensonge sur une question sans importance
Mon frère avait l'habitude de raconter pas mal de petits mensonges quand il était enfant.

Eine kleine Lüge: Eine Lüge über ein unwichtiges Thema
Mein Bruder hat als Kind viele kleine Lügen erzählt.

Et encore moins : sans parler de
La location d'un appartement à Londres coûte un bras et une jambe. Et encore moins d'en acheter un !

Und noch weniger: Ganz zu schweigen davon, dass das Mieten einer Wohnung in London ein Vermögen kostet. Und noch weniger, um einen zu kaufen!

Depuis un bail, des lustres : depuis très longtemps
Ma sœur vit en Australie depuis 4 ans. Je ne l'ai pas vue depuis des lustres !

Für eine lange Zeit, für eine Ewigkeit: für eine sehr lange Zeit. Meine Schwester lebt seit 4 Jahren in Australien. Ich habe sie seit Ewigkeiten nicht gesehen!

Bien sûr, évidemment : lorsque vous accordez l'autorisation
Puis-je emprunter votre stylo s'il vous plaît ? Bien sûr !

Natürlich, selbstverständlich: wenn Sie die Erlaubnis erteilenKann ich bitte Ihren Stift ausleihen? Natürlich !

À tous les niveaux : concernant tout et tout le monde
Cette décision créera un effet domino à tous les niveaux.

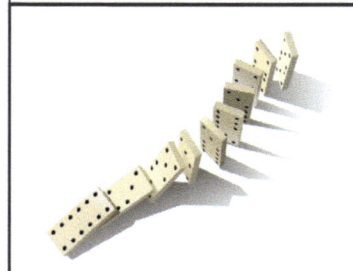

Auf allen Ebenen: über alles und jeden
Diese Entscheidung wird einen Dominoeffekt auf allen Ebenen auslösen

Tiens, au fait : lorsque vous ajoutez quelque chose de nouveau, légèrement hors sujet, à une discussion en cours
L'autre jour, je lisais sur les voitures autonomes, et... Au fait, avez-vous acheté des légumes ?

Übrigens: wenn man etwas Neues, etwas Off-Topic, zu einer laufenden Diskussion hinzufügt
Neulich habe ich über selbstfahrende Autos gelesen, und... Übrigens, hast du Gemüse gekauft?

De zéro, à partir de rien : dès le début
J'ai construit le studio de mes rêves à partir de zéro. Cela m'a pris environ un an.

Von Grund auf, aus dem Nichts: von Anfang an
Ich habe mein Traumstudio von Grund auf neu gebaut. Es hat ungefähr ein Jahr gedauert.

Être copains comme cochons : s'entendre vraiment
Maria et Dan sont copains comme cochons

Kumpel sein wie Schweine: Richtig gut miteinander auskommen
Maria und Dan sind Kumpels wie Schweine

Et voilà, ô surprise, utilisé pour exprimer l'émerveillement et la surprise
Nous venions de parler de Steve quand, ô surprise, il est entré dans la cuisine.

Und da haben Sie es, oh Überraschung, verwendet, um Staunen und Überraschung auszudrücken. Wir hatten gerade über Steve gesprochen, als er überraschenderweise in die Küche kam.

Faire exprès, intentionnellement :
Jacob a blessé sa petite sœur, mais c'était un accident. Il ne l'a pas fait exprès.

Absichtlich: Jakob verletzte seine kleine Schwester, aber es war ein Unfall. Er hat es nicht absichtlich getan.

Sur le champ : immédiatement, sans délai
J'ai besoin de vous parler sur-le-champ.

Sofort, ohne Verzögerung
Ich muss jetzt sofort mit Ihnen sprechen.

Faites comme chez vous! : pour que quelqu'un se sente comme chez lui. Asseyez-vous, je vous prie. Faites comme chez vous!

Fühlen Sie sich wie zu Hause! : jemandem das Gefühl geben, zu Hause zu sein. Setzen Sie sich bitte. Fühlen Sie sich wie zu Hause!

Une fois tous les trente-six du mois, de temps en temps :
Je vais acheter des vêtements de temps en temps, seulement quand je n'ai plus rien à porter.

Einmal alle sechsunddreißig des Monats, von Zeit zu Zeit:
Von Zeit zu Zeit gehe ich Kleidung kaufen, nur wenn ich nichts mehr zum Anziehen habe.

401

Pourrait tout aussi bien, autant : proposer de faire quelque chose. Le vent s'est levé. Autant faire de la voile !

Könnte genauso gut so viel vorzuschlagen, etwas zu tun. Der Wind hat zugenommen. Sie können genauso gut segeln gehen!

402

Faire partie intégrante : une partie essentielle et incontournable de quelque chose
La gestion de classe fait partie intégrante de mon métier d'enseignante.

Ein integraler Bestandteil zu sein: ein wesentlicher und unvermeidlicher Teil von etwas. Das Klassenmanagement ist ein fester Bestandteil meiner Arbeit als Lehrerin.

403

Tant pis, peu importe de dire à quelqu'un de ne pas s'inquiéter de quelque chose qui n'est pas si important. Oups, je viens de rater mon bus... Tant pis, je vais marcher.

Es macht nichts, jemandem zu sagen, er solle sich über etwas, das nicht so wichtig ist, keine Sorgen machen. Hoppla, ich habe gerade meinen Bus verpasst ... Schade, ich muss zu Fuß gehen.

404

Une sacrée somme d'argent, une grosse somme d'argent.
J'ai payé une sacrée somme d'argent pour cette nouvelle guitare.

Verdammt viel Geld, eine große Menge Geld.
Ich habe verdammt viel Geld für diese neue Gitarre bezahlt.

405

Remettre à plus tard, lorsque vous refusez une invitation, en suggérant que vous seriez prêt à accepter plus tard. Je suis désolé de devoir remettre à plus tard. Peut-être la prochaine fois. Je suis trop occupé à travailler.

Verschieben Sie es, wenn Sie eine Einladung ablehnen, und suggerieren Sie damit, dass Sie möglicherweise bereit sind, die Einladung später anzunehmen. Es tut mir leid, dass ich zögern muss. Vielleicht beim nächsten Mal. Ich bin zu beschäftigt mit der Arbeit.

406

Tout de suite : immédiatement
Je suis en retard. Je dois partir tout de suite !

Sofort: sofort
Ich bin spät dran.
Ich muss sofort gehen!

407

Nickel, impeccable : très propre
Je nettoie ma maison depuis trois heures. C'est impeccable maintenant

Nickel, einwandfrei: sehr sauberIch putze mein Haus seit drei Stunden. Es ist jetzt einwandfrei

408

Vas - y doucement : pour vous détendre, être calme
Allez-y doucement mon ami. Vous vous mettez trop de pression.

Machen Sie es sich gemütlich: Entspannen Sie sich, seien Sie ruhig. Sei ruhig, mein Freund. Du machst dir zu viel Druck.

Cela ne tient pas la route : n'a pas de sens, n'est pas raisonnable, n'est pas basé sur des faits
Cette théorie ne tient pas la route. C'est tout simplement absurde.

Das ist nicht stichhaltig: es macht keinen Sinn, ist nicht vernünftig, basiert nicht auf Fakten. Diese Theorie ist nicht stichhaltig. Das ist einfach absurd.

Contre vents et marées : contre toutes les circonstances
Quoi qu'il en coûte, je vous suivrai contre vents et marées.

Gegen alle Widrigkeiten: gegen alle Umstände, durch dick und dünn. Was auch immer nötig ist, ich werde dir durch dick und dünn folgen.

Avoir les pieds sur terre : être honnête, direct, pratique. Parfois même en manque d'imagination et de fantaisie John a toujours été très terre-à-terre. Il voit toujours le bon côté de chaque personne.

Bleiben Sie auf dem Boden: seien Sie ehrlich, direkt, praktisch. Manchmal mangelte es John sogar an Vorstellungskraft und Fantasie, er war aber immer sehr bodenständig. Er sieht immer die gute Seite jedes Menschen.

Être mal à l'aise : inconfortable
Ma patronne a fait un commentaire maladroit sur l'une de mes collègues qui l'a mise mal à l'aise.

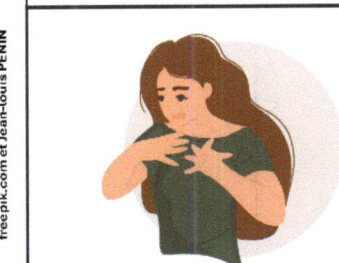

Sich unwohl fühlen: unbequem. Meine Chefin machte einen unangenehmen Kommentar über einen meiner Kollegen, der ihr Unbehagen bereitete.

Être dans le pétrin : être en difficulté, se retrouver dans une situation difficile
Il a échoué en physique et il n'a pas parlé de ses notes à ses parents. Il est dans le pétrin maintenant.

In Schwierigkeiten sein: sich in einer schwierigen Situation befinden. Er hat die Physik nicht bestanden und seinen Eltern nichts von seinen Noten erzählt. Er ist jetzt in Schwierigkeiten.

Prendre le taureau par les cornes : pour se forcer à faire quelque chose de désagréable
Nina va prendre le taureau par les cornes et aller rompre avec son petit ami.

Den Stier bei den Hörnern packen: sich zwingen, etwas Unangenehmes zu tun. Nina wird den Stier bei den Hörnern packen und mit ihrem Freund Schluss machen.

Briser la glace : essayer de faire la conversation ou de raconter quelque chose de drôle lorsque vous rencontrez quelqu'un pour la première fois
Lorsque les gens sont arrivés, Chris a essayé de briser la glace en faisant de mauvaises blagues.

Brechen Sie das Eis: Versuchen Sie, ein Gespräch zu führen oder etwas Lustiges zu sagen, wenn Sie jemanden zum ersten Mal treffen. Als die Leute ankamen, versuchte Chris, das Eis zu brechen, indem er schlechte Witze machte.

Tourner autour du pot : essayer d'éviter de parler d'un sujet spécifique
Allez, parlez-moi. Arrêtez de tourner autour du pot.

Um den heißen Brei herumreden: Versuchen zu vermeiden, über ein bestimmtes Thema zu sprechen. Komm, rede mit mir. Hören Sie auf, um den heißen Brei herumzureden.

Ne pas être dans son assiette : se sentir mal
Je ne suis pas dans mon assiette ce matin.

Sich nicht gut fühlen: sich schlecht fühlenMir geht es heute Morgen nicht gut.

Une bonne fois pour toutes : enfin, pour la dernière fois
Nous devons nous attaquer à ce problème et régler les choses une bonne fois pour toutes.

Ein für alle Mal: endlich, zum letzten Mal. Wir müssen dieses Problem angehen und die Dinge ein für alle Mal regeln.

Quand les poules auront des dents : quelque chose qui n'arrivera jamais
Mon équipe de football gagnera un match quand les poules auront des dents

Wenn Hühner Zähne haben: etwas, das nie passieren wird. Meine Fußballmannschaft wird ein Spiel gewinnen, wenn die Hühner Zähne haben

À jour : conformément aux dernières informations.
La liste est à jour maintenant que nous avons ajouté les noms des nouveaux membres.

Aktualität: nach den neuesten Informationen. Die Liste ist jetzt auf dem neuesten Stand, da wir die Namen neuer Mitglieder hinzugefügt haben.

Prometteur : progressant bien, en devenir.
Ce jeune garçon est un comédien prometteur.

Vielversprechend: gute Fortschritte, im Entstehen begriffen. Dieser kleine Junge ist ein vielversprechender Schauspieler.

421

En état de marche : fonctionnel Opérationnelle.
La nouvelle usine de Tesla est enfin opérationnelle.

In funktionsfähigem Zustand: in betrieb, funktionsfähig, betriebsbereit. Die neue Fabrik von Tesla ist endlich in Betrieb.

422

Fonctionner comme un charme : fonctionne parfaitement.
Ma vieille radio des années 1960 fonctionne toujours comme un charme.

Funktioniert wie ein Zauber: Funktioniert perfekt, einwandfrei. Mein altes Radio aus den 1960er Jahren funktioniert immer noch einwandfrei.

423

Dormir comme une bûche : dormir profondément.
Bonjour! Avez-vous bien dormi ?
Ah oui, comme une bûche !

Schlafen Sie wie ein Murmeltier: Schlafen Sie tief, wie ein Baumstamm Guten Morgen!
Hast Du gut geschlafen? Ach ja, wie ein Baumstamm!

424

Être sur un petit nuage : se sentir extrêmement heureux et excité
Depuis leur mariage, Maria et Kev sont sur un petit nuage.

Auf Wolke sieben: extrem glücklich und aufgeregt
Seit ihrer Hochzeit schweben Maria und Kev auf Wolke sieben.

425

Travailler jusqu'à l'aube : étudier ou travailler très tard le soir
Je dois travailler jusqu'à l'aube pour terminer ma dissertation de philosophie.

Arbeiten bis zum Morgengrauen: Studieren oder sehr spät in der Nacht arbeiten
Ich muss bis zum Morgengrauen arbeiten, um meine Philosophie-Dissertation fertigzustellen.

426

Appeler un chat un chat : quand on parle clairement et directement de quelque chose
Soyons honnêtes : votre nouveau voisin est vraiment ennuyeux. Appelons un chat un chat.

Die Dinge beim Namen nennen: Wenn man klar und direkt über etwas spricht
Seien wir ehrlich: Dein neuer Nachbar nervt wirklich. Nennen wir die Dinge beim Namen.

427

Se dégonfler, avoir la trouille : se sentir soudainement nerveux à propos de quelque chose que vous étiez censé faire. Il a grimpé tout le long du pont et a fini par se dégonfler. Le saut à l'élastique peut être une expérience éprouvante pour les nerfs.

Ausrasten, Angst haben: plötzlich nervös werden wegen etwas, das man tun sollte. Er kletterte die Brücke hinauf und verlor schließlich die Luft. Bungee-Jumping kann ein nervenaufreibendes Erlebnis sein.

428

Donner un coup de main.
Donnez-moi un coup de main, s'il vous plaît. Je dois déplacer cette machine à laver.

Eine Hand leihen. Helfen Sie mir bitte. Ich muss diese Waschmaschine bewegen.

S'arrêter là, décider d'arrêter de travailler.
Il est 23h00. Ce fut une journée productive. On s'arrête là pour aujourd'hui.

Hören Sie dort auf, entscheiden Sie sich, nicht mehr zu arbeiten. Es ist 23:00 Uhr. Es war ein produktiver Tag. Wir hören für heute damit auf.

Cela coûte un bras, pour être très cher.
La location d'un appartement à Londres coûte un bras. Et encore moins d'en acheter un !

Es kostet einen Arm und ein Bein, um sehr teuer zu sein.
Eine Wohnung in London zu mieten kostet einen Arm und ein Bein. Und noch weniger, um einen zu kaufen!

Gagner sa vie : gagner assez d'argent pour subvenir à ses besoins et à ceux de sa famille
Il gagne sa vie en nettoyant les maisons des gens.

Verdienen Sie Ihren Lebensunterhalt : Verdienen Sie genug Geld, um sich und Ihre Familie zu ernähre. Er verdient seinen Lebensunterhalt damit, die Häuser der Leute zu putzen

Joindre les deux bouts : pour gagner juste assez d'argent pour survivre.
John a du mal à joindre les deux bouts en servant de la nourriture dans cet endroit effrayant

Über die Runden kommen: gerade genug Geld verdienen, um zu überleben. John hat Mühe, mit dem Servieren von Essen an diesem gruseligen Ort über die Runden zu kommen

---

Faire une montagne d'une taupinière exagérer quelque chose d'insignifiant.
Mika a échoué à son test de plongeurs hier. Il est très contrarié à ce sujet. Il est clairement en train de faire une montagne d'une taupinière.

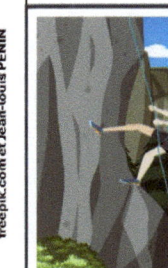

Aus einem Maulwurfshügel einen Berg zu machen, übertreibt etwas Unbedeutendes. Mika hat gestern seine Tauchprüfung nicht bestanden. Er ist darüber sehr verärgert. Er macht eindeutig einen Berg aus einem Maulwurfshügel.

Se moquer de : rire de quelqu'un
Mon frère se moque toujours de moi parce que je ne sais pas siffler. Cela me rend fou.

Sich lustig machen über: jemanden auslachen Mein Bruder macht sich immer über mich lustig, weil ich nicht pfeifen kann. Das macht mich verrückt.

Devenir fou, se lâcher, extrêmement excité.
Il est devenu fou quand il a appris qu'il avait gagné 20 000 livres à la loterie.

Verrückt werden, loslassen, extrem aufgeregt. Er wurde verrückt, als er erfuhr, dass er 20.000 Pfund im Lotto gewonnen hatte.

Suivre le mouvement : se mettre d'accord avec d'autres personnes pour faciliter les choses, accepter une situation
Il suffit de se détendre et de suivre le mouvement, il ne peut pas faire de mal.

Gehen Sie mit dem Strom: Vereinbaren Sie mit anderen Menschen, um die Dinge einfacher zu machen, akzeptieren Sie eine SituationEntspannen Sie sich einfach und lassen Sie sich treiben, es kann nicht schaden.

ça me rend fou, pour agacer.
Cela me rend fou quand mon voisin passe l'aspirateur tard dans la nuit.

Es macht mich verrückt, zu nerven. Es macht mich wahnsinnig, wenn mein Nachbar spät abends staubsaugt.

Tomber dans le panneau, se faire piéger.
J'ai fait une blague à mon cousin Richard et il est immédiatement tombé dans le panneau.

Fallen Sie darauf herein, geraten Sie in die Falle.Ich habe meinem Cousin Richard einen Streich gespielt und er ist sofort darauf reingefallen.

Manger un morceau : pour manger quelque chose.
Sur le chemin du retour après une soirée, il a mangé un morceau avec son plat à emporter indien préféré.

Einen Bissen essen: etwas essen. Auf dem Heimweg von einer Partynacht aß er einen Happen mit seinem indischen Lieblingsimbiss.

Se décider, prendre son parti, prendre une décision.
As-tu pris ton parti pour samedi soir ? Vous venez avec nous ?

Zu entscheiden, sich zu entscheiden, eine Entscheidung zu treffen. Haben Sie sich für Samstagabend entschieden? Kommen Sie mit uns?

---

se tenir au courant, garder le contact.
Lors de leur premier rendez-vous, ils se sont embrassés et se sont promis de rester en contact.

Bleiben Sie auf dem Laufenden, bleiben Sie in Kontakt. Bei ihrem ersten Date küssten sie sich und versprachen, in Kontakt zu bleiben.

Connaître les ficelles du métier
Il travaille dans un garage et connaît les ficelles du métier lorsqu'il s'agit de réparer des voitures.

Die Tricks des Handwerks kennen
Er arbeitet in einer Werkstatt und kennt sich aus, wenn es um die Reparatur von Autos geht.

Avoir le bec sucré, aimer le sucre envie de manger quelque chose de sucré.
Je ne mange jamais assez de chocolat. J'ai définitivement la dent sucrée.

Naschkatzen sein, Zucker lieben, Lust auf etwas Süßes essen.
Ich kann nie genug Schokolade essen. Ich bin definitiv eine Naschkatze.

Dire quelque chose, faire penser à, mais vous n'êtes pas tout à fait sûr de ce que c'est.
Tiffani Amber Thiessen ? Oui, son nom vous dit quelque chose.

Sag etwas, rege die Leute zum Nachdenken an, aber du bist dir nicht ganz sicher, was es ist.
Tiffani Amber Thiessen? Ja, der Name klingelt bei mir.

445

S'énerver ou se mettre en colère de manière inattendue
Mon patron s'est mis en colère pendant la réunion du matin. Il n'avait pas beaucoup dormi la nuit précédente.

Unerwartet verärgert oder wütend werden. Mein Chef wurde während der morgendlichen Besprechung wütend. Er hatte in der Nacht zuvor nicht viel geschlafen.

446

Sur les nerfs : nerveux
Ça va ? Vous semblez un peu sur les nerfs ce soir.
Qu'est-ce qui ne va pas?

Auf die Nerven: nervös
Alles klar? Du scheinst heute Abend ein wenig nervös zu sein.
Was ist los?

447

Suivre les traces de quelqu'un : faire les mêmes choses que quelqu'un que l'on admire a fait avant.
Il a suivi les traces de son oncle en devenant comédien.

In die Fußstapfen von jemandem treten: die gleichen Dinge tun, die jemand, den du bewunderst, schon einmal getan hat.
Er trat in die Fußstapfen seines Onkels und wurde Schauspieler.

448

Être pris en flagrant délit, la main dans le sac.
Marie a essayé de tricher lors de son examen de maths. Elle a été prise en flagrant délit.

Auf frischer Tat ertappt zu werden.
Mary versuchte, in ihrer Matheprüfung zu schummeln. Sie wurde auf frischer Tat ertappt.

Adorer faire quelque chose, s'éclater à.
J'adore couper du bois pendant l'hiver.

Es zu lieben, etwas zu tun, Spaß daran zu haben.
Ich liebe es, im Winter Holz zu schneiden.

Charlie a presque révélé le secret devant Anthony

Charlie hätte fast das Geheimnis vor Anthony gelüftet

METEO

WETTERVORHERSAGE

Il pleut à verse toute la journée

Es regnet den ganzen Tag über stark

L'éclair a frappé l'arbre

Der Blitz schlug in den Baum ein

Le soleil se lève à six heures

Die Sonne geht um sechs Uhr auf

Le soleil se couche à huit heures

Die Sonne geht um acht Uhr unter

C'était une soirée très froide

It was a very cold evening

C'était une journée pluvieuse

Es war ein regnerischer Tag

Maintenant le ciel est clair

Jetzt ist der Himmel klar

Cette plaine est complètement plate

Diese Ebene ist völlig flach

La rosée brille au soleil Der Tau glänzt in der Sonne	L'orage approche très vite  Der Sturm zieht sehr schnell näher
Quelle est la météo pour aujourd'hui ?  Wie ist das Wetter für heute?	La température est montée au-dessus de zéro  Die Temperatur stieg auf über null Grad

Il y a une soudaine baisse de la température

Es kommt zu einem plötzlichen Temperaturabfall

L'eau a complétement gelé

Das Wasser ist komplett zugefroren

La température est descendue au-dessous de zéro

Die Temperatur ist unter Null gefallen

Il y a une énorme congère devant la maison

Vor dem Haus befindet sich eine riesige Schneewehe

Tout sur la maison et les appartements.

Alles rund um das Haus und die Wohnungen.

Avoir une maison à soi est le rêve de tout homme sain de corps et d'esprit.

Ein eigenes Zuhause zu haben, ist der Traum eines jeden Mannes, der an Körper und Geist gesund ist.

La plupart des gens vivent dans une maison dont ils ne sont pas propriétaires

Die meisten Menschen leben in einem Haus, das ihnen nicht gehört

---

Les moins riches louent une maison ou un appartement qui ne leur appartient pas

Die weniger Wohlhabenden mieten ein Haus oder eine Wohnung, die ihnen nicht gehört

Le propriétaire d'une maison loue aux locataires qui paient un loyer chaque mois

Der Eigentümer eines Hauses vermietet an Mieter, die jeden Monat Miete zahlen

---

Le bail fixe les conditions dans lesquelles le propriétaire loue sa maison et le montant du loyer à payer le jour du terme.

Der Mietvertrag legt die Bedingungen fest, unter denen der Eigentümer sein Haus vermietet, und die Höhe der Miete, die am Tag der Laufzeit zu zahlen ist.

Si le locataire ne paie pas son loyer, le propriétaire peut le mettre à la porte, mais il ne peut le faire sans lui donner son congé

Wenn der Mieter seine Miete nicht zahlt, kann der Vermieter ihn rausschmeißen, aber er kann dies nicht ohne Kündigungsfrist tun

---

Certains propriétaires ont soit des appartements meublés, soit des chambres à louer. Ils accueillent des locataires ou des pensionnaires.

Einige Vermieter haben entweder möblierte Wohnungen oder Zimmer zu vermieten. Sie heißen Mieter oder Internatsbewohner willkommen.

Lorsqu'une personne ne peut pas rester dans une maison, elle doit déménager et en chercher une autre. Un déménagement n'est pas une affaire simple.

Wenn eine Person nicht in einem Haus bleiben kann, muss sie ausziehen und sich ein anderes suchen. Ein Umzug ist keine einfache Angelegenheit.

Si un homme est assez riche, il peut soit acheter une maison, soit en faire construire une.

Wenn ein Mann reich genug ist, kann er entweder ein Haus kaufen oder eines bauen lassen

---

Si une personne achète une maison, elle s'adresse à un agent immobilier qui a une liste de maisons à vendre.

Wenn eine Person ein Haus kauft, geht sie zu einem Immobilienmakler, der eine Liste von zum Verkauf stehenden Häusern hat.

Si la personne choisit de faire construire une maison, elle s'adresse à un architecte qui lui propose un site et dessine le plan pour la concevoir.

Wenn sich die Person für den Bau eines Hauses entscheidet, wendet sie sich an einen Architekten, der einen Standort vorschlägt und den Plan für die Gestaltung erstellt.

L'entrepreneur fournit les matériaux de construction et les ouvriers. Un chantier est ouvert.

Der Auftragnehmer stellt die Baumaterialien und die Arbeiter zur Verfügung. Eine Baustelle ist im Gange.

Les premiers ouvriers, à l'aide de pioches et de pelles, creusent les fondations.

Die ersten Arbeiter konnten mit Hilfe von Spitzhacken und Graben der Fundamente.

Du ciment est posé dans les fondations et soutiendra les murs

Zement wird in die Fundamente eingebracht und wird die Wände stützen

---

Les maçons construisent la maison avec des pierres ou des briques reliées entre elles par du mortier.

Die Maurer bauen das Haus aus Steinen oder Ziegeln, die durch Mörtel miteinander verbunden sind.

Au fur et à mesure que les murs grandissent, des échafaudages sont montés. Une isolation est installée.

Wenn die Wände wachsen, werden Gerüste aufgestellt. Isolierung ist eingebaut

---

Les murs des grands bâtiments sont généralement en béton ou en béton armé

Die Wände großer Gebäude bestehen in der Regel aus Beton oder Stahlbeton

---

Être propriétaire d'une maison est mieux que d'en être le locataire et ça revient moins cher en fin de compte

Ein Haus zu besitzen ist besser als es zu mieten und es ist am Ende billiger

---

Préférez-vous une maison à la campagne ou un appartement en ville ?

Hätten Sie lieber ein Haus Auf dem Land oder in einer Wohnung in der Stadt?

Quand il faut déménager, on doit souvent habiter dans un meublé pendant quelques semaines avant d'emménager dans la nouvelle maison

Wenn man umziehen muss, muss man oft einige Wochen in einer möblierten Wohnung wohnen, bevor man in das neue Haus einzieht

505

L'utilisation du bois à des fins de construction est appelée bois de construction. Les charpentiers fabriquent la charpente d'un toit. Il sera recouvert soit de tuiles, soit d'ardoises. Le travail est confié aux carreleurs ou aux ardoisiers.

Die Verwendung von Holz für Bauzwecke wird als Holz bezeichnet. Zimmerleute stellen das Gerüst eines Daches her. Er wird entweder mit Fliesen oder Schiefer belegt. Die Arbeiten werden Fliesenlegern oder Schieferbauern anvertraut.

506

Les menuisiers ont une quantité considérable de travail à faire. Ils scient des planches. Ils les rendent lisses au moyen d'un rabot

Tischler haben eine beträchtliche Menge an Arbeit zu erledigen. Sie sahen Bretter. Sie glätten sie mit Hilfe eines Hobels

507

Les petits morceaux de bois qui s'envolent sont les copeaux. Les menuisiers utilisent un marteau pour enfoncer des clous, un tournevis pour poser des vis, puis ils percent des trous.

Die kleinen Holzstücke, die wegfliegen, sind die Späne. Zimmerleute verwenden einen Hammer, um Nägel einzuschlagen, einen Schraubenzieher, um Schrauben zu setzen, und dann bohren sie Löcher.

508

Le plombier installe les lavabos, les baignoires et les robinets de toutes sortes. Ils soudent les tuyaux entre eux et permettent à l'eau froide et chaude de s'écouler jusque dans les évacuations

Der Klempner installiert Waschbecken, Badewannen und Wasserhähne aller Art. Sie schweißen die Rohre zusammen und lassen kaltes und heißes Wasser in die Abflüsse fließen

---

Le serrurier installe les serrures qui sont nécessaires pour fermer les maisons à clé. Ils installent aussi les clôtures des jardins, les portails pour les voitures et les portillons.

Der Schlüsseldienst installiert die Schlösser, die zum Verriegeln der Häuser erforderlich sind. Sie installieren auch Gartenzäune, Autotore und Tore.

Le plâtrier aime plâtrer l'intérieur des murs. Ceux-ci sont ensuite peints ou blanchis à la chaux. Le peintre mélange sa peinture dans un seau. Il l'applique avec des pinceaux. Il doit souvent se tenir debout sur une échelle.

Der Stuckateur verputzt gerne die Innenseite von Wänden. Diese werden dann gestrichen oder getüncht. Der Maler mischt seine Farbe in einem Eimer. Er trägt es mit Pinseln auf. Oft muss er auf einer Leiter stehen.

Les murs peuvent également être tapissés. C'est l'œuvre du colleur de papier peint. Le vitrier met les vitres.

Auch Wände können tapeziert werden. Das ist die Aufgabe des Tapezierers. Der Glaser setzt die Fenster ein.

L'électricien installe le câblage électrique dans toute la maison. il pose les prises et mets des lampes partout où cela est nécessaire.

Der Elektriker installiert die elektrische Verkabelung im ganzen Haus. Er stellt die Steckdosen ein und stellt Lampen auf, wo immer es nötig ist.

513

Vous ne pouvez pas vous installer dans votre maison tant que le tapissier et le marchand de meubles ne l'ont pas rendu habitable. Vous pouvez enfin emménager et inviter vos amis à la pendaison de crémaillère.

Sie können nicht in Ihr Haus einziehen, bis der Polsterer und der Möbelhändler es bewohnbar gemacht haben. Endlich kannst du einziehen und deine Freunde zur Einweihung einladen.

514

Malgré un nombre considérable de maisons en construction, le problème du logement est loin d'être résolu.

Trotz einer beträchtlichen Anzahl von Häusern, die sich im Bau befinden, ist das Wohnungsproblem noch lange nicht gelöst.

515

Il y a encore trop de bidonvilles épouvantables et de gens qui vivent dans des pièces sales et surpeuplées.

Es gibt immer noch zu viele entsetzliche Slums und Menschen, die in schmutzigen, überfüllten Räumen leben.

516

De nombreuses maisons délabrées ont besoin d'être démolies. D'autre part, de nombreuses maisons ont été bombardées pendant la dernière guerre.

Es gibt immer noch zu viele entsetzliche Slums und Menschen, die in schmutzigen, überfüllten Räumen leben.

Des préfabriqués ont été installés à la hâte et sont toujours utilisés, malgré les grands lotissements qui ont vu le jour à l'extérieur de toutes les grandes villes.

Fertighäuser wurden hastig installiert und werden trotz der großen Wohnsiedlungen, die außerhalb aller Großstädte entstanden sind, immer noch genutzt.

L'urbanisme a encore de nombreux problèmes à résoudre. Permettre de construire des logements sociaux obligatoires selon les villes et les régions

Die Stadtplanung hat noch viele Probleme zu lösen. Ermöglichen Sie je nach Stadt und Region den Bau von Sozialwohnungen

---

Le fait est que les immeubles d'appartements et les immeubles HLM ne sont pas populaires auprès des Anglais. L'anglais moyen veut une maison pour lui-même.

Tatsache ist, dass Mehrfamilienhäuser und Sozialwohnungen bei den Engländern nicht beliebt sind. Der durchschnittliche Engländer wünscht sich ein Zuhause für sich selbst.

Une maison moderne est généralement individuelle ou jumelée. C'est une maison à deux étages avec le rez-de-chaussée et le dernier étage pour l'étage supérieur.

Ein modernes Haus ist in der Regel freistehend oder halb freistehend. Es handelt sich um ein zweistöckiges Haus mit dem Erdgeschoss und dem Obergeschoss für das Obergeschoss.

Une maison ayant un rez-de-chaussée seulement est un bungalow. En France on appelle ces maisons des maisons de plain-pied.

Ein Haus mit nur einem Erdgeschoss ist ein Bungalow. In Frankreich werden diese Häuser als einstöckige Häuser bezeichnet.

D'habitude, les maisons ont toutes du mobilier, un jardin devant ou derrière la maison, un garage et une cave. parfois il y a un sous-sol, une cour et des grilles fermant la propriété.

In der Regel haben die Häuser alle Möbel, einen Garten vor oder hinter dem Haus, eine Garage und einen Keller. Manchmal gibt es einen Keller, einen Innenhof und Tore, die das Grundstück umschließen.

L'espace sous le toit est le grenier. S'il est éclairé par des fenêtres dans le toit, on l'appelle la mansarde. Au-dessus du toit s'élèvent les cheminées et très souvent, une antenne de télévision.

Der Raum unter dem Dach ist der Dachboden. Wird es durch Fenster im Dach beleuchtet, spricht man von Dachboden. Über dem Dach ragen die Schornsteine und sehr oft eine Fernsehantenne empor..

Les gratte-ciels sur le modèle américain sont encore très rares dans les villes européennes. Les tours font une trentaine d'étages mais pas plus, comme la Tour Montparnasse à Paris.

Wolkenkratzer im amerikanischen Stil sind in europäischen Städten noch sehr selten.
Die Türme sind etwa dreißig Stockwerke hoch, aber nicht mehr, wie der Montparnasse-Turm in Paris.

Une maison a un certain nombre de pièces ou d'appartements qui sont soit petits et même minuscules, soit grands et spacieux ou commodes.

Ein Haus besteht aus einer Reihe von Zimmern oder Wohnungen, die entweder klein und sogar winzig oder groß und geräumig oder praktisch sind.

Le plafond d'une pièce est soutenu par des poutres et des chevrons. Il est plus ou moins haut ou bas. Il y a des cloisons entre les différentes pièces. Vous marchez sur le sol.

Die Decke eines Raumes wird von Balken und Sparren getragen. Es ist mehr oder weniger hoch oder niedrig. Zwischen den verschiedenen Räumen gibt es Trennwände. Du gehst auf dem Boden.

Si les fenêtres sont larges, et c'est le cas des fenêtres en saillie, les chambres sont claires. Si les fenêtres s'ouvrent sur une rue étroite, les pièces sont mal éclairées voire sombres.

Sind die Fenster breit, und das ist bei den vorstehenden Fenstern der Fall, sind die Räume hell. Wenn sich die Fenster zu einer schmalen Gasse öffnen, sind die Räume schlecht beleuchtet oder sogar dunkel.

Beaucoup de gens aiment décorer leurs rebords de fenêtre avec des pots de fleurs. Les maisons anglaises n'ont pas de volets. Les stores sont tirés à la place.

Viele Menschen schmücken ihre Fensterbänke gerne mit Blumentöpfen. Englische Häuser haben keine Fensterläden. Stattdessen werden die Jalousien heruntergezogen.

529

Si vous laissez plusieurs portes et fenêtres ouvertes, ou simplement entrouvertes, il y aura un courant d'air et les portes claqueront.

Wenn Sie mehrere Türen und Fenster offen oder einfach angelehnt lassen, entsteht ein Luftzug und die Türen knallen zu

530

La plupart des fenêtres anglaises, cependant, ne peuvent pas claquer parce que ce sont des fenêtres à guillotine qui glissent de haut en bas

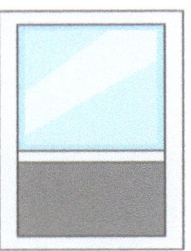

Die meisten englischen Fenster können jedoch nicht zuschlagen, da es sich um Schiebefenster handelt, die auf und ab gleiten

531

NOURRITURE REPAS, BOISSONS

ESSEN, MAHLZEITEN, GETRÄNKE

532

L'homme mange parce qu'il a faim. Il veut satisfaire sa faim.

Der Mensch isst, weil er hungrig ist. Er will seinen Hunger stillen.

L'homme boit parce qu'il a soif. Il a besoin d'étancher sa soif.

Der Mensch trinkt, weil er durstig ist. Er muss seinen Durst stillen.

Toute personne normale a de l'appétit quand vient le temps de s'asseoir à table

Jeder normale Mensch hat Appetit, wenn es an der Zeit ist, sich an den Tisch zu setzen

Lorsqu'un garçon meurt de faim, la vue d'un aliment savoureux lui mettra l'eau à la bouche

Wenn ein Junge hungert, läuft ihm beim Anblick von leckerem Essen das Wasser im Mund zusammen

Les garçons et les filles sont souvent gourmands. Ils avaleront leur nourriture (c'est-à-dire avaleront sans la mâcher)

Jungen und Mädchen sind oft gierig. Sie schlucken ihre Nahrung (d.h. schlucken, ohne sie zu kauen)

Ils peuvent manger à se rendre malades. D'autres suceront des bonbons, des candies ou des glaces, toute la journée.

Sie können essen, um sich krank zu machen. Andere lutschen den ganzen Tag an Süßigkeiten, Süßigkeiten oder Eiscreme.

Un gourmet, au contraire, est un homme qui aime la bonne chère, qui est pointilleux sur les différentes façons de cuisiner et d'apprêter les aliments.

Ein Feinschmecker hingegen ist ein Mann, der gutes Essen liebt und wählerisch ist, wenn es um die verschiedenen Arten des Kochens und Zubereitens von Speisen geht.

Certaines personnes peuvent se contenter d'un repas ou d'une collation frugale. D'autres ont besoin d'un repas substantiel.

Manche Menschen geben sich mit einer sparsamen Mahlzeit oder einem Snack zufrieden. Andere brauchen eine reichhaltige Mahlzeit.

La nourriture peut être simple, soit insipide ou savoureuse. Dans tous les cas, elle doit toujours être saine, jamais mauvaise.

Essen kann einfach sein, entweder geschmacklos oder lecker. In jedem Fall muss es immer gesund sein, niemals schlecht.

Avant chaque repas, la table doit être mise. Tout d'abord, la nappe est posée ou des dessous individuels sont placés directement sur la table.

Vor jeder Mahlzeit muss der Tisch gedeckt werden. Zuerst wird die Tischdecke aufgelegt oder einzelne Unterwäsche direkt auf den Tisch gelegt.

Le service de table, c'est-à-dire les assiettes et les plats) est fait de faïence ou de porcelaine.

Das Tafelservice, d.h. die Teller und Schalen) besteht aus Steingut oder Porzellan.

Ce n'est pas tout le monde qui mange dans de la vaisselle d'argent ou d'or !

Nicht jeder isst aus Silber- oder Goldschalen!

Les couverts seront apportés sur un plateau ou un chariot à dîner. Il comprend les fourchettes, les cuillères et les couteaux

Das Besteck wird auf einem Tablett oder einem Esswagen gebracht. Es enthält Gabeln, Löffel und Messer

---

La soupe est servie dans la soupière, la salade dans un saladier. Il y a une serviette ou un essuie-main pour chaque personne.

Die Suppe wird in der Terrine serviert, der Salat in einer Salatschüssel. Für jede Person gibt es ein Handtuch oder Handtuch.

En Angleterre, il y a en général une petite assiette spécialement utilisée pour le pain, car il n'est jamais mangé directement sur la nappe

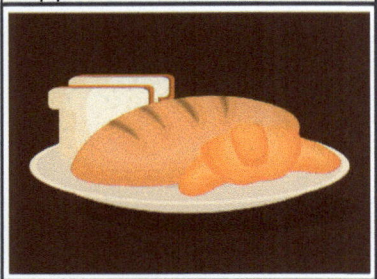

In England gibt es ein kleiner Teller, der speziell für Brot verwendet wird, weil es nie direkt von der Tischdecke gegessen

---

Les tranches de pain peuvent être coupées dans la miche, ou des petits pains sont fournis.

Aus dem Laib können Brotscheiben geschnitten werden, oder es werden Brötchen bereitgestellt

Lorsqu'un petit pain est cassé, des miettes tombent sur l'assiette. Le pain peut être frais ou rassis

Wenn ein Brötchen zerbrochen wird, fallen Krümel auf den Teller. Brot kann frisch oder abgestanden sein

---

Les gens boivent souvent de l'eau ou du vin à table, hormis les cafés et thés qu'ils boivent en dehors

Die Leute trinken oft Wasser oder Wein am Tisch, außer den Kaffees und Tees, die sie draußen trinken

---

Le café est versé de la cafetière, le lait de la cruche à lait. le café est réconfortant et ravigote. Il est bu dans toutes les circonstances de la vie

Kaffee wird aus der Kaffeekanne eingeschenkt, Milch aus dem Milchkännchen. Kaffee ist beruhigend und verjüngend. Es wird in allen Lebenslagen getrunken

---

Le café est naturellement amer et il faut ajouter du sucre pour le rendre sucré. Les morceaux de sucre sont dans le sucrier

Kaffee ist von Natur aus bitter und es muss Zucker hinzugefügt werden, um ihn süß zu machen. Die Würfelzucker sind in die Zuckerdose

Le thé est la boisson nationale des Anglais.

Tee ist das Nationalgetränk der Engländer.

Lorsque la maîtresse de maison sert le thé, elle réchauffe la théière avec de l'eau chaude.

Wenn die Dame des Hauses den Tee serviert, erhitzt sie die Teekanne mit heißem Wasser.

Pour préparer le thé, utilisez une cuillerée à café de thé pour chaque personne et une pour la théière

Um den Tee zuzubereiten, verwenden Sie einen Teelöffel Tee für jede Person und einen für die Teekanne

---

Vous devez infuser le thé pendant 3 à 5 minutes et le verser dans de l'eau bouillante

Sie müssen den Tee 3 bis 5 Minuten ziehen lassen und in kochendes Wasser gießen

Vous devez verser du thé dans chaque tasse à thé, placée sur une soucoupe, et ajouter du sucre et du lait ou de la crème.

Du solltest Tee in jede Teetasse gießen, auf eine Untertasse stellen und Zucker und Milch oder Sahne hinzufügen.

Nous faisons passer les tasses de thé après avoir recouvert la théière d'un couvre-théière, et lorsque les tasses sont vides, elles sont remplies à nouveau à partir de la théière.

Wir führen die Teetassen durch, nachdem wir die Teekanne mit einer Teekuschelige abgedeckt haben, und wenn die Tassen leer sind, werden sie aus der Teekanne nachgefüllt.

Il n'y a généralement rien de plus que de l'eau pour accompagner un repas. Il est versé l'eau de la cruche dans les verres. Le vin est un luxe dans la plupart des pays

Zu einer Mahlzeit gibt es in der Regel nichts weiter als Wasser. Das Wasser aus der Kanne wird in die Gläser gegossen. Wein ist in den meisten Ländern ein Luxus

---

Les boissons que les gens aiment sont le porto, les vins de Bourgogne ou de Bordeaux, les vins du Rhin et le champagne. La plupart nécessite un tire-bouchon pour ôter le bouchon de la bouteille, et les vins sont généralement servis dans des verres spéciaux.

Die Getränke, die die Menschen mögen, sind Portwein, Burgunder- oder Bordeauxweine, Rheinweine und Champagner. Die meisten benötigen einen Korkenzieher, um den Korken aus der Flasche zu entfernen, und Weine werden in der Regel in speziellen Gläsern serviert.

La bière est proposée dans plusieurs pays comme la France, l'Allemagne, la Belgique, l'Angleterre et les Pays-Bas. Blonde, brune, ambrée ou noire, elle titre des degrés différents selon les régions du Monde.

Das Bier wird in mehreren Ländern wie Frankreich, Deutschland, Belgien, England und den Niederlanden angeboten. Blond, braun, bernsteinfarben oder schwarz, es hat je nach Region der Welt unterschiedliche Grade.

A part la bière, les différentes boissons alcoolisées sont le cidre, le brandy, le gin, le whisky et toutes les liqueurs. Les personnes qui ne boivent pas du tout d'alcool sont des antialcoolique.

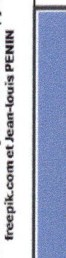

Neben Bier sind die verschiedenen alkoholischen Getränke Apfelwein, Brandy, Gin, Whisky und alle Liköre. Menschen, die überhaupt keinen Alkohol trinken, sind Antialkoholiker..

Au lieu de prendre deux grands repas uniques, les Anglais en prennent plusieurs petits. Le petit-déjeuner ouvre la journée, après cela le déjeuner en milieu de journée et le dîner le soir

Anstatt zwei große Einzelmahlzeiten zu sich zu nehmen, essen die Engländer mehrere kleine. Das Frühstück ist tagsüber geöffnet, danach das Mittagessen in der Mitte des Tages und das Abendessen am Abend

---

Le repas de midi s'appelle le déjeuner. Peu de personnes en activité le prennent à la maison. Il se présente généralement sous la forme de pain de mie tranché avec une bouteille d'eau ou de soda

Die Mittagsmahlzeit wird Mittagessen genannt. Nur wenige aktive Menschen nehmen es zu Hause ein. Es gibt es in der Regel in Form von Sandwichbrot, das mit einer Flasche Wasser oder Limonade in Scheiben geschnitten wird

Les différents modes de cuisson sont soit le rôti, soit le bouilli, soit une grillade ou une cuisson à l'étuvée, soit en friture.

Die verschiedenen Garmethoden sind entweder gebraten, gekocht, gegrillt oder gedünstet oder gebraten.

La viande est soit crue, soit cuite, soit tendre ou dure, maigre ou grasse. Quand elle est cuite, la viande est à point, saignante ou trop cuite. Il peut y avoir du jus de viande selon les modes de cuisson. Elle est mise dans une saucière

Das Fleisch ist entweder roh, gekocht, zart oder zäh, mager oder fettig. Wenn das Fleisch gar ist, ist es mittel-selten, selten oder verkocht. Je nach Garmethode kann es Fleischsäfte geben. Sie wird in eine Sauciere gesetzt

---

Les condiments sont le sel et le poivre, l'huile et le vinaigre, de la moutarde, des sauces ou des condiments, et des cornichons. Tous sont généralement faits pour relever les plats comme l'ail, l'oignon, le piment ou le persil.

Zu den Gewürzen gehören Salz und Pfeffer, Öl und Essig, Senf, Soßen oder Gewürze und Gurken. Alle von ihnen werden in der Regel zum Aufpeppen von Gerichten wie Knoblauch, Zwiebeln, Chili oder Petersilie hergestellt.

On distingue les légumes fleurs (artichaut, chou-fleur, brocoli), les légumes feuilles (chou, épinard, salade endive, blette), les légumes fruits (concombre, aubergine, courgette, tomate), les légumes à bulbe (oignon, échalote, ail) et les légumes tubercules (topinambour, pomme de terre)

Man unterscheidet zwischen blühendem Gemüse (Artischocke, Blumenkohl, Brokkoli), Blattgemüse (Kohl, Spinat, Endiviensalat, Mangold), Fruchtgemüse (Gurke, Aubergine, Zucchini, Tomate), Knollengemüse (Zwiebel, Schalotte, Knoblauch) und Knollengemüse (Topinambur, Kartoffel)

Les desserts sont tous les plats sucrés comme les entremets, le riz au lait, le pudding, le flan, la tarte, la confiture, un gâteau ou une pâtisserie ou des biscuits

Desserts sind alle süßen Speisen wie Desserts, Milchreis, Pudding, Flan, Pie, Marmelade, Kuchen oder Gebäck oder Kekse

---

LA VIE DOMESTIQUE

HÄUSLICHES LEBEN

Lorsqu'un visiteur vient rendre visite à M. Smith, il pousse la porte du jardin, puis se dirige vers la porte d'entrée. Il se tient sur le seuil de la porte et sonne ou frappe avec le heurtoir de porte, comme ceci : toc toc toc

Wenn ein Besucher Herrn Smith besucht, stößt er das Gartentor auf und geht dann zur Haustür. Er steht auf der Türschwelle und klingelt oder klopft mit dem Türklopfer, also so: klopf klopf klopf

---

Lorsque M. Smith quitte sa maison, il verrouille la porte, met l'alarme en marche et, à son retour, il met la clé dans le trou de la serrure et déverrouille la porte. Il éteint l'alarme. La nuit, il verrouille la porte.

Wenn Herr Smith sein Haus verlässt, schließt er die Tür ab, stellt den Alarm ein, und wenn er zurückkehrt, steckt er den Schlüssel in das Schlüsselloch und schließt die Tür auf. Er schaltet den Wecker aus. Nachts schließt er die Tür ab.

Lorsque la porte d'entrée est ouverte, le visiteur se retrouve dans le hall. Il y a un porte-manteau sur lequel il peut accrocher son chapeau et son manteau. Au fond du hall, il voit l'escalier qui mène au dernier étage. Il y a aussi un couloir.

Wird die Haustür geöffnet, befindet sich der Besucher in der Halle. Es gibt eine Garderobe, an der er Hut und Mantel aufhängen kann. Am Ende des Flurs sieht er die Treppe, die in das oberste Stockwerk führt. Es gibt auch einen Flur.

Le visiteur sera introduit dans le salon ou dans la salle de séjour ou salon. C'est la pièce où se déroule la vie de famille. D'où son autre nom, le living room.

Der Besucher wird in das Wohnzimmer oder in das Wohnzimmer oder die Lounge eingeführt. Es ist der Raum, in dem sich das Familienleben abspielt. Daher auch der andere Name, das Wohnzimmer.

La poignée de main est une mode continentale. Lorsque les visiteurs sont accueillis, on leur dira « mettez-vous à l'aise ». Il y a en effet deux fauteuils confortables et une chaise profonde ou un canapé avec des coussins moelleux.

Der Händedruck ist eine kontinentale Mode. Wenn Besucher begrüßt werden, werden sie aufgefordert, es sich "bequem zu machen". Es gibt nämlich zwei bequeme Sessel und einen tiefen Stuhl oder ein Sofa mit weichen Kissen.

La chambre est douillette et confortable. Un tapis profond recouvre le sol. Bien qu'il y ait probablement un rideau à la fenêtre, les meubles modernes sont généralement simples.

Das Zimmer ist gemütlich und komfortabel. Ein tiefer Teppich bedeckt den Boden. Während es wahrscheinlich einen Vorhang am Fenster gibt, sind moderne Möbel in der Regel einfach..

PROVERBES

SPRICHWÖRTER

Ventre affamé n'a point d'oreilles

Ein hungriger Bauch hat keine Ohren

La faim est le meilleur des cuisiniers

Hunger ist die beste Köchin

La qualité se révèle à l'usage

Qualität zeigt sich im Einsatz

Il y a loin de la coupe aux lèvres

Von der Tasse bis zu den Lippen ist es ein langer Weg

A bon vin point d'enseigne

Ein guter Wein ohne Zeichen

Quand le vin est tiré, il faut le boire

Wenn der Wein gezapft wird, muss er getrunken werden

Les affaires sont les affaires.

Geschäft ist Geschäft.

Courir deux lièvres à la fois. Zwei Hasen auf einmal laufen lassen. 589	Faire d'une pierre deux coups Zwei Fliegen mit einer Klappe schlagen 590
La fin justifie les moyens. Der Zweck heiligt die Mittel. 591	La foi transporte les montagnes. Der Glaube versetzt Berge. 592

La fortune sourit aux audacieux.

Das Glück lächelt auf der dreist.

Gouverner c'est prévoir.

Regieren heißt vorausschauen.

Grâce à Dieu, tout est possible.

Gott sei Dank ist alles möglich.

Un homme averti en vaut deux.

Vorgewarnt ist gewappnet.

Il n'y a que les montagnes qui ne se rencontrent jamais.

Es gibt nur Berge die sich nie treffen.

Impossible n'est pas français.

Unmöglich ist nicht Französisch.

Les jours se mesurent à ce qu'on fait.

Die Tage werden daran gemessen, was Sie tun.

Le monde appartient à ceux qui se lèvent tôt.

Morgenstund hat gold im Mund

Qui veut voyager loin, ménage sa monture.

Wer weit reisen möchte, sollte sich um sein Pferd kümmern.

La raison du plus fort est toujours la meilleure.

Macht hat Recht.

L'ami de mon ami est mon ami.

Der Freund meines Freundes ist mein Freund.

Mieux vaut être seul que mal accompagné.

Lieber allein sein als in schlechter Gesellschaft.

Les petits cadeaux entretiennent l'amitié.

Kleine Geschenke halten Freundschaft am Leben.

Qui a bon voisin a bon matin.

Wer einen guten Nachbarn hat, hat einen guten Morgen.

Il n'y a pas de fumée sans feu

Wo Rauch ist, da ist auch Feuer

Malheureux au jeu, heureux en amour.

Unglücklich im Glücksspiel, glücklich in der Liebe.

Qui part à la chasse perd sa place.

Wer auf die Jagd geht, verliert seinen Platz.

On ne peut faire boire un âne qui n'a pas soif.

Man kann keinen Eselstrunk machen, wenn er nicht durstig ist.

Mettre la charrue devant les bœufs.

Den Wagen vor die Pferde spannen.

Prendre le taureau par les cornes.

Den Stier bei den Hörnern packen.

Avoir d'autres chats à fouetter.

Lass andere Fische zum Braten.

618

Qui vole un oeuf vole un boeuf.

Wer ein Ei stiehlt, stiehlt einen Ochsen.

617

Appeler un chat un chat.

Die Dinge beim Namen nennen.

619

Chat échaudé craint l'eau froide.

Einmal gebissen, zweimal schüchtern.

620

Les chiens ne font pas des chats.

Hunde machen keine Katzen.

Il ne faut pas réveiller un chat qui dort.

Sie wollen keine schlafende Katze aufwecken.

Un tient vaut mieux que deux tu l'auras

Ein Spatz in der Hand ist besser als eine Taube auf dem Dach

La nuit, tous les chats sont gris.

Alle Katzen sind im Dunkeln grau.

Quand le chat n'est pas là, les souris dansent.

Wenn die Katze weg ist, spielen die Mäuse.

Chien qui aboie ne mord pas.

Hund die bellen, beißen nicht

Les chiens aboient et la caravane passe.

Die Hunde bellen und die Karawane zieht vorbei.

Les loups ne se mangent pas entre eux.

Wölfe werden nicht gefressen nicht zwischen ihnen.

Ménager la chèvre et le chou.

Die Ziege verschonen und Kohl.

Faute de grives, on mange des merles.

In der Not frisst der Teufel Fliegen

Une hirondelle ne fait pas le printemps.

Eine Schwalbe macht noch keinen Sommer.

Il ne faut pas mettre tous ses œufs dans le même panier.

Sie sollten nicht alle Eier in einen Korb legen.

Petit poisson deviendra grand, pourvu que Dieu lui prête vie.

Kleine Fische werden groß, wenn Gott ihnen Leben gibt.

Il ne faut pas vendre la peau de l'ours avant de l'avoir tué.

Die Rechnung nicht ohne den Wirt machen

On n'apprend pas à un vieux singe à faire des grimaces.

Einem alten Hund kann man keine neuen Tricks beibringen.

On n'attrape pas les mouches avec du vinaigre.

Mit Essig fängt man keine Fliegen.

On ne prend pas les mouches avec du vinaigre, mais avec du miel

Fliegen fängt man nicht mit Essig, sondern mit Honig

Abondance de biens ne nuit point.

Der Überfluss an Gütern schadet nicht.

L'argent ne fait pas le bonheur.

Mit Geld kann man kein Glück kaufen.

La parole est d'argent, le silence est d'or.

Reden ist Silber, Schweigen ist Gold.

Dans l'adversité, on connaît ses amis.

In Widrigkeiten kennst du deine Freunde.

À toute chose, malheur est bon.

Für alle Dinge ist Unglück gut.

Au royaume des aveugles, les borgnes sont rois.

Im Reich der Blinden sind die Einäugigen Könige.

De deux maux, il faut choisir le moindre.

Von zwei Übeln müssen wir das kleinere wählen.

649
L'espoir fait vivre.
Hoffnung macht lebendig.

650
Les meilleures choses ont une fin.
Die besten Dinge haben ein Ende.

651
Tel qui rit vendredi, dimanche pleurera.
Wer am Freitag, Sonntag lacht, wird weinen.

652
À malin, malin et demi.
Schlau, schlau und halb

C'est la goutte d'eau qui fait déborder le vase.

Das ist der Tropfen, der das Fass zum Überlaufen bringt.

La curiosité est un vilain défaut.

Neugierigkeit hat die Katze umgebracht.

Deux avis valent mieux qu'un.

Zwei Köpfe sind besser als einer.

Les murs ont des oreilles.

Die Wände haben Ohren

Le jeu n'en vaut pas la chandelle.

Das ist doch nur ein Glücksspiel.

657

Méfiance est mère de sûreté.

Misstrauen ist die Mutter der Sicherheit.

658

Qui ne fait rien n'a rien.

Wer nichts tut, hat nichts.

659

Qui ne risque rien, n'a rien.

Wer nicht wagt, der nicht gewinn

660

À cœur vaillant rien d'impossible. Wer nicht wagt, der nicht gewinn	L'exactitude est la politesse des rois. Genauigkeit ist die Höflichkeit der Könige.
La nuit porte conseil. guter Rat kommt über Nacht	On a souvent besoin d'un plus petit que soi. Wir brauchen oft jemanden, der kleiner ist als wir.

On n'est jamais si bien servi que par soi-même.

Nie wird man so gut bedient wie alleine.

Patience et longueur de temps font mieux que force ni que rage.

Patience is the best buckler against affronts.

Péché avoué est à moitié pardonné.

Die bekannte Sünde ist zur Hälfte vergeben.

Personne n'est parfait.

Niemand ist perfekt.

Qui va lentement, ménage sa monture.

Wer langsam geht, kümmert sich um sein Pferd.

669

Tourner sa langue sept fois dans sa bouche avant de parler.

Siebenmal die Zunge in den Mund drehen, bevor man spricht.

670

Tout vient à point nommé pour qui sait attendre.

Alles kommt zur rechten Zeit, wenn man weiß, wie man wartet.

671

Apporter de l'eau à son moulin.

Bringen Sie Wasser auf Ihre Mühle.

672

Avoir plus d'une corde à son arc.

Habe mehr als eine Saite an deinem Bogen.

Bien mal acquit ne profite jamais.

Schlecht erworbene Güter kommen nie zum Nutzen.

Les bons comptes font les bons amis.

Die richtigen Konten gute Freunde finden.

C'est au pied du mur qu'on connaît le maçon.

Am Fuße der Mauer kennen wir den Maurer.

C'est en forgeant qu'on devient forgeron.

Übung macht den Meister

Chose promise, chose due.

Etwas versprochen, etwas fällig

Les cordonniers sont les plus mal chaussés.

Die Kinder des Schusters gehen immer barfuß.

Dix fois sur le métier, remettre son ouvrage

Zehnmal bei der Arbeit, gib seine Arbeit ab

Il faut battre le fer quand il est chaud.

Man muss das Eisen anschlagen, wenn es heiß ist

Il ne faut pas jeter le manche après la cognée.

Man muss nicht den Griff nach dem Hammer werfen..

La plus belle fille du monde ne peut donner que ce qu'elle a.

Das schönste Mädchen der Welt kann nur geben, was es hat.

Qui sème le vent récolte la tempête.

Wer Wind sät, wird Sturm ernten.

Qui s'y frotte s'y pique.  Wer mit dem Feuer spielt, wird verbrannt.	À vaincre sans péril, on triomphe sans gloire.  Sieg ohne Gefahr, Sieg ohne Ruhm
De la discussion jaillit la lumière.  Aus der Diskussion kommt Licht	Envoyer quelqu'un sur les roses.  Schicken Sie jemanden auf die Rosen.

Les plaisanteries les plus courtes sont les meilleures.

Die kürzesten Witze sind die besten.

Comme on fait son lit, on se couche.

Wenn man sein Bett macht, geht man zu Bett.

Être logés à la même enseigne.

im gleichen Boot sitzen

Petit à petit l'oiseau fait son nid.

Steter Tropfen höhlt den Stein

Qui se ressemble s'assemble.

Gleichgesinnte Vögel scharen sich zusammen

Ça ne casse pas trois pattes à un canard.

Es bricht einer Ente nicht die Beine.

---

l'oisiveté est mère de tous les vices.

Müßiggang ist die Mutter von all die Laster.

---

après la pluie le beau temps

auf Regen folgt Sonnenschein

Chassez le naturel, il revient au galop

Der Leopard kann seine Flecken nicht ändern

701

Cœur qui soupire n'a pas ce qu'il désire

Ein Herz, das seufzt, hat nicht, was es sich wünscht

702

en avril ne te découvre pas d'un fil

Im April sollten Sie sich nicht an einem seidenen Faden entblößen

703

il ne faut pas dire fontaine, je ne boirai pas de ton eau.

Du darfst nicht "Quell" sagen, ich trinke kein Wasser.

704

il ne faut pas remettre au lendemain ce qu'on peut faire le jour même

Wir dürfen das, was wir am selben Tag tun können, nicht auf morgen verschieben

705

Je n'ai pas le temps.
C'est l'heure.
Je n'ai pas de temps à perdre.

Ich habe keine Zeit.
Es ist Zeit.
Ich habe keine Zeit zu verlieren.

706

Rechercher.
J'ai cherché mon stylo toute la journée.

Suchen.
Ich habe den ganzen Tag meinen Kuli gesucht.

707

Je vais chercher ma mère à la gare, où elle arrive à sept heures.

Ich hole meine Mutter vom Bahnhof ab, wo sie um sieben Uhr ankommt.

708

Je m'occupe de mon fils et du ménage

Ich kümmere mich um meinen Sohn und den Haushalt

Il ne participe pas à cette conférence.

Er nimmt nicht an dieser Konferenz teil.

Fait attention, il est drôlement fûté.

Pass auf, er hat es faustdick hinter den Ohren

Il lui a demandé à brûle pourpoint si elle voulait l'épouser.

Er hat sie aus heiterem Himmel gefragt, ob sie ihn heiraten will.

Je mange à la fortune du pot.

Ich esse, was auf den Tisch kommt.

Les Volkswagen se vendent comme des petits pains.

Die Volkswagen gehen weg wie warme Semmeln.

La robe te va comme un gant.

Das Kleid passt dir wie angegossen.

Il a vraiment le béguin pour elle

Er hat wirklich einen Narren an ihr gefressen

Ça s'arrose !	Ça c'est le comble du culot !
Das muss begossen werden.	Das ist seiner Frechheit die Krone auf.
717	718
Et bien sûr, c'est encore moi le dindon de la farce, Il va avoir de mes nouvelles	L'envoi se compose de trois paquets.
Natürlich bin ich wieder der Reingefallene. Der bekommt etwas von mir zu hören	Die Sendung besteht aus drei Paketen.
719	720

J'organise un cocktail vendredi. Je compte sur vous.

Ich gebe am Freitag eine Party. Ich rechne mit Ihnen.

721

Depuis que sa femme l'a quitté, il file un mauvais coton

Seit seine Frau ihn verlassen hat, geht es bergab mit ihm.

722

Il boit comme un trou

Er säuft wie ein Loch

723

Que vous le croyez ou non

Ob sie's glauben oder nicht.

724

Il doit avoir le bras long pour avoir obtenu le telephone en deux semaines

Er hat bestimmt gute Beziehungen, wenn er seinen Telefonanschluss in zwei Wochen bekommen hat.

Il se plaint du prix élevé de l'essence.

Er beklagt sich über die hohen Benzinpreise

C'est clair comme de l'eau de roche

Es ist klar wie dicke Tinte.

A la maison, il tire toujours la couverture à lui

Er spielt die erste Geige bei sich zu Hause

J'aime avoir affaire à des gens qui jouent carte sur table

Ich hab's gern mit Leuten zu tun, die mit offenen Karten spielen.

Dès qu'il aura passé l'arme à gauche, ils encaisseront l'héritage

Sobald er ins Gras beißt, werden sie die Erbschaft einkassieren

---

Ne coupez pas les cheveux en quatre !

Lassen Sie doch die Haarspalterei !

Nous allons ensemble contre vents et marées

Wir gehen zusammen durch dick und dünn

Ne raccrochez pas s'il vous plaît.

Hängen Sie bitte nicht auf.

On demande Mr Müller au guichet numéro sept

Herr Müller wird am Schalter sieben verlangt

M. Müller est recherché par la police

Herr Müller wird von der polizei gesucht

Elle m'a laissé tomber

Sie hat mich im Stich gelassen

Un instant, je vais y réfléchir

Das lasse ich mir mal durch den Kopf gehen

En allemagne, les femmes ne portent que rarement la culotte

In Deutschland haben die Frauen selten die Hosen an

Avec ça, il n'a fait que jeter de l'huile sur le feu

Damit hat er nur Öl aufs Feuer gegossen

Ce n'est pas la peine d'essayer avec elle. Elle connaît la musique

Sie brauchen es erst gar nicht mit ihr zu versuchen. Sie kennt die Masche.

En amour, comme à la guerre, tous les coups sont permis

In der Liebe und im Krieg ist alles erlaubt.

Il fait ses études à l'école des Beaux-Arts

Er studiert an der Akademie für bildende Künste

Il se souviens très bien en son enfance

Er erinnert sich sehr gut an seine Kindheit

Attendez une minute, j'ai le mot sur le bout de la langue

Momentchen, das Wort liegt mir auf der Zunge

J'étais désespéré, et cette nouvelle m'a donné le coup de grâce

Ich war schon verzweifelt und diese Nachricht hat mir den Rest gegeben

On ne peut pas tout avoir, il y a une limite à tout.

Die Bäume wachsen nun einmal nicht in den Himmel

Il a laisse entendre qu'il prendrait bientôt sa retraite

Er ließ durchblicken, dass er bald in den Ruhestand trete

Cela te remonte le moral

Das bringt dich wieder auf den Damm

Ne vous faites pas de mauvais sang

Machen sie sich keine Sorgen

A voir votre tête, j'en déduis que votre voyage, n'a pas été agréable.

Aus Ihrer Mine folgere ich, dass Ihre Reise nicht sehr angenehm war

Il n'est pas bien élevé, il boit toujours sa bière à la bouteille.

Er ist nicht gut erzogen. Er trinkt Bier immer aus der Flasche

Depuis que sa femme est malade, il broie du noir.

Seitdem seine Frau krank ist, bläst der Trübsal, ist er deprimiert, hat er den Moralischen.

Elle a piqué une crise quand il le lui a dit

Sie hat einen Wutanfall bekommen, als er es ihr gesagt hat

C'est là que le bât blesse

Das ist der Wundepunkt, da drückt der Schuh

Je suis triste d'avoir un mauvais bulletin.

Ich bin traurig über mein schlechtes Zeugnis

Pierre se moque de sa sœur parce qu'elle porte une minijupe

Peter macht sich über seine Schwester lustig, weil sie einen Minirock trägt

Il ne faut pas remettre au lendemain ce qu'on peut faire le jour même.

Das du heute kannst besorgen, das verschiebe nicht auf morgen

Si vous lui graisser la patte, il s'en chargera sûrement.

Wenn sie im Schmiergeld zahlen, macht er das sicher

Qui se ressemble s'assemble

Gleich und gleich gesellt sich gern

Dis-moi qui tu fréquentes, et je te dirai qui tu es.

Sage mir, mit wem du umgehst und ich sage dir, wer du bist.

Œil pour œil, dent pour dent

Auge um auge, zahne um zahne

C'est facile comme bonjour, ce n'est pas sorcier.

Das ist ein Kinderspiel, das ist keine Hexerei.

EXPRESSIONS IDIOMATIQUES niveau III

IDIOMATISCHE AUSDRÜCKE Stufe III

Ah, c'est apprendre ou à laisser.

Wenn sie nicht wollen, lassen sie es bleiben.

Il m'a suivi toute la journée, et c'est seulement dans le grand magasin que j'ai pu lui fausser compagnie.

Er ist den ganzen Tag hinter mir hergelaufen. Erst im Kaufhaus konnte ich ihn loswerden

---

C'est une oie blanche, elle n'a aucune idée de ce qu'elle fait

Sie ist noch feucht hinter den Ohren. Sie hat von Tuten und Blasen keine Ahnung

---

On ne pourra jamais faire boire un âne qui n'a pas soif

Man kann niemanden zu seinem Glück zwingen.

C'était ennuyeux comme tout mais j'ai bu la coupe jusqu'à la lie

Es war tot langweilig, aber ich blieb es zum better einander.

La voiture est entrée en collision avec un camion anglais.

Der PKW ist mit einem englischen Lastwagen zusammengestoßen

Touchons du bois et que tout se passe bien.

Halte mit den Daumen, dass alles gut geht, oder Drücke mir den Daumen, dass alles gut geht

---

Tu sais bien que le dimanche papa fait la grâce matinée?

Du weißt doch, Vater schläft sonntags bis in die Puppen

Nous sommes logés à la même enseigne.

Wir sind leitensgefährten

Dans cet accident, il en a été quitte pour la peur.

Bei dem Unfall ist er mit dem Schrecken davon gekommen

Joindre l'utile à l'agréable

Das Angenehme mit dem Nützlichen verbinden.

Ouf !, vous m'avez ôté un grand poids.

Es fehlt mir un stein vom Herzen.

Tels sont les faits. À vous juger.

Das sind Tatsachen. Urteilen sie selber

Il est complètement dingue, il a une case en moins.

Er hat nicht alle Tassen im Schrank. Bei ihm ist eine Schraube locker.

Ne te laisse pas impressionner, il monte comme une soupe au lait.

Lass dich nicht beeindrucken. Er braucht leicht auf

Il a laissé tomber sa femme et maintenant il habite chez sa petite amie.

Er hat seine Frau sitzen lassen und lebt jetzt bei seiner Freundin.

Oh !, il a dû se lever du pied gauche !

Er ist wohl mit dem linken Fuß zuerst aufgestanden

Il a été licencié sans autre forme de procès.

Er ist knall und fall entlassen worden.

Arrêtez vos salades, personne ne vous croira.

Hören Sie auf mit dem Quatsch. Das kauft Ihnen ja doch keiner ab

On connait ça, c'est un vieux truc.

Wir kennen das, das ist ein alter Trick. Das ist ein alter Hut. Eine alte Masche.

Il se dispute à propos de l'héritage de leur père.

Sie streiten sich um das Erbe ihres Vaters.

Les hommes disent toujours que les femmes changent d'avis dix fois par jour.

Die Männer sagen immer, dass Frauen zehn mal pro Tag ihre Meinung ändern.

Il n'est pas question de les inviter ensemble

Es kommt gar nicht in Frage, dass wir sie zusammen einladen

En la jugeant, tu devrais tenir compte du fait, qu'elle a eu peu de possibilité dans sa vie

Wenn du sie beurteilst, solltest du in Betracht ziehen, dass ihr das Leben nicht viel chancen bot.

Je n'ai pas pu m'empêcher de rire

Ich konnte mir das Lachen nicht verbeißen.

Les jumeaux se ressemblent comme deux gouttes d'eau.

Die Zwillinge gleichen sich wie ein Ei dem Andern

La nouvelle s'est répandue comme une traînée de poudre.

Die Nachricht verbreitete sich mit Windeseile

Il y a des gens qui se mettent en colère sans raison

Es gibt Leute, die sich nicht über alles ärgern

Envoyez-moi un mot pour que je sache que vous êtes bien arrivé.

Schreiben Sie mir ein paar Zeilen, damit ich weiß, dass Sie gut angekommen sind

Si le patron l'apprend, c'est la fin des haricots, les carottes sont cuites.

Wenn sein Chef das erfährt, ist alles im Eimer, geht alles flöten, ist alles aus

Elle n'est pas très bien, il vaut mieux la laisser tranquille

Sie fühlt sich nicht ganz wohl, am besten lassen sie sie in Ruhe.

Dites-moi ce qu'il y a, ne tournez pas autour du pot.

Sag mir, was los ist. Gehen Sie nicht wie die Katze um den heißen Brei.

Tout était merveilleux jusqu'à ce que je fasse une gaffe avec cette remarque idiote

Alles war wunderbar, bis ich mit einer dummen Bemerkung ins Fettnäpfchen trat

Je suis d'accord avec cette proposition.

Ich bin mit dem Vorschlag einverstanden

C'est un fan du football, il en est fou.

Er ist ein Fußballfan, er ist ganz verrückt darauf.

En cas de panique, il est de première importance de garder son sang-froid.

Das erste Gebot bei einer Panik ist, ruhig Blut zu bewahren

Chaque soir il fait une petite promenade, pour se dégourdir les jambes

Er macht jeden Abend einen kurzen Spaziergang, um sich die Beine zu vertreten

Il n'a vraiment pas de chance.

Er ist wirklich ein Pechvogel.

801

Elle met la charrue avant les bœufs.

Sie fasst die Sache am verkehrten Ende an

802

Il s'est sûrement passé quelque chose, sinon il serait déjà arrivé.

Ganz bestimmt ist etwas schief gegangen, sonst wären Sie schon längst hier.

803

Cette Histoire d'amour va mal se terminer

Diese Liebesgeschichte wird noch ein schlimmes Ende nehmen.

804

L'avocat a pu persuader les jurés de l'innocence de son client.

Der Rechtsanwalt hat die Geschworenen von der Unschuld seines Mandanten überzeugen können.

Il est tellement obsédé par les femmes, qu'il n'a jamais pu les traiter en partenaire dans les affaires.

Er ist so wild auf Frauen, dass er sie nie als Geschäftspartner betrachten kann

---

Il se croyait invité mais à la fin ce fût lui qui dû payer la douloureuse.

Er dachte, er wäre eingeladen, aber am Ende musste er die Zeche bezahlen

---

J'ai gratté mes fonds de tiroirs pour acheter les fleurs

Ich habe meine letzten Pfennige zusammengekratzt, um die Blumen zu kaufen.

Vous ne devriez pas mettre tous les œufs dans le même panier.

Sie sollten nicht alles auf eine Karte setzen

Cette affiche se voit à tout bout de champ.

Dieses Plakat sieht man wirklich auf Schritt und Tritt

Si tu sais faire ça, je te paie des prunes.

Wenn du das kannst, will ich einen Besen fressen

Avant de mettre les fleurs dans le vase, il faut que tu le remplisses d'eau.

Bevor du die Blumen in die Vase stellst, musst du sie mit Wasser füllen.

Ça sent la rose et le lilas

Es riecht nach Rosen und Fliede.

Quand le chat n'est pas là, les souris dansent.

Ist die Katze aus dem Haus, tanzen die Mäuse.

Même si vous m'apportez une mauvaise nouvelle, dites la moi carrément.

Auch wenn sie eine schlechte Nachricht für mich haben, sagen sie es mir ohne Umschweife.

Un malheur ne vient jamais seul.

Ein Unglück kommt selten allein.

Ne le croyez pas, il vous fait seulement marcher.

Glauben sie ihm nicht. Er hält sie doch nur zum Narren.

Être pris entre deux feux.

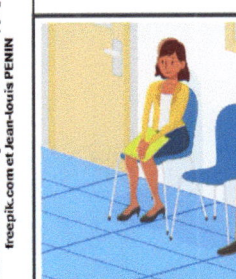

Zwischen zwei Stühlen sitzen

Je voulais garder le secret de l'affaire, mais un collaborateur a vendu la mèche.

Ich wollte die Sache geheimhalten, aber ein Mitarbeiter hat die Katze aus dem Sack gelassen

Elle avait toujours pensé qu'il était célibataire, il l'a vraiment mené en bateau.

Sie dachten immer, er sei Junggeselle, er hat sie ganz schön an der Nase herumgeführt

Regarder ou l'on met les pieds, voir quelle tournure prend l'affaire.

Seen, wie der Hase läuft

Rome ne fût pas bâti en un jour

Rome wurde nicht in einem Tag gebaut

Chercher une aiguille dans une botte de foin.

Eine Nadel im Heuhaufen suchen

La critique a complètement réduit la pièce en miette

Die critique hat keinen guten Faden an dem stück gelassen

Je ne peux pas prendre cette décision à mon compte.

Diese Entscheidung kann ich nicht auf die eigene Kappe nehmen

---

Vous ne vous en sortirez pas sain et sauf.

Sie werden nicht heil davon kommen

Il en est réduit à ce travail complémentaire.

Er ist auf diese Nebenarbeit angewiesen.

Les deux sociétés étaient pour ainsi dire d'accord sur le contrat, quand l'une d'elle a tout à coup fait machine arrière

Beide Firmen waren sich über den Vertrag so gut wie einig, als die eine plötzlich einen Rückzieher machte.

A pâques ou à la trinité, quand les poules auront des dents.

Am Sankt nimmerleins Tag, wenn Ostern und Finchsten auf einen Tag fallen

Aux innocents les mains pleines.

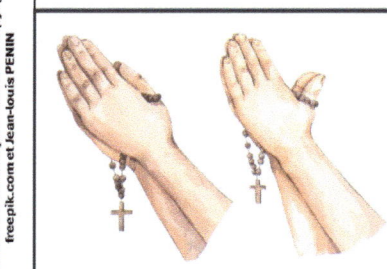

Die dümmsten Bauern haben die dicksten Kartoffeln.

Le médecin m'a défendu de fumer.

Der Arzt hat mir untersagt zu rauchen

Je suis enthousiasmé par ma nouvelle voiture

Ich bin von meinem neuen Auto ganz begeistert.

J'ai fait équiper ma voiture de phares antibrouillard.

Ich habe mein Auto mit N Nebelscheinwerfern ausgestattet.

Être sur des charbons ardents.

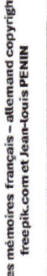

Auf glühenden Kohlen sitzen

Ce n'est pas du tout pour cette raison, vous faites fausse route.

Das ist absolut nicht der Grund. Sie sind auf dem Holzweg

C'est son plus beau vase, il y tient comme à la prunelle de ses yeux.

Das ist seine schönste Vase, erhütet sie wie seinen Augebubel.

Ça n'a ni queue ni tête, ça ne tient pas debout.

Das hat weder Hand noch Fuß

Par chance, Guillaume m'a mis au courant de cet incident.

Zum Glück hat mich Willem Von diesem Vorfall in Kenntnis gesetzt

---

Il a le chic pour prendre les gens à rebrousse-poil

Er hat die Gab andere Leute verkehrt aufzufassen

Si vous voulez mon avis, il faut battre le fer tant qu'il est chaud.

Wenn ich Ihnen einen Rat geben darf, schmieden sie das Eisen, solange es warm ist

Quoi qu'il en soit, je ne veux plus la revoir.

Wie dem auch sei, ich will sie nicht mehr wiedersehen.

841

Ici encore le juste milieu est la meilleure solution. Ni trop long, ni trop court.

Die goldene Mitte ist doch hier am besten. Nicht zu long und nicht zu kurz.

842

Vous ne pouvez pas résoudre ce problème, c'est la quadrature du cercle.

Sie können dieses problem nicht lösen. Es ist die Quadratur des Kreises.

843

Sa réponse cinglante lui a bel et bien rabattu le caquet.

Ihre bissige Antwort hat im ganz schönen Mund gestopft.

844

Elle a la chance de son côté.

Sie hat das Glück auf ihrer Seite. Sie ist ein Glückspilz.

Ce n'est pas si grave que ça, vous en faites une montagne.

So schlimm ist es doch nicht. Sie machen aus einer Mücke einen Elefanten

---

Chapeau ! Il se défend vraiment partout comme un chef.

Alle Achtung, er steht wirklich überall seinen Mann.

Après l'examen, on va faire les quatre cents coups.

Nach der Prüfung werden wir alle möglichen Streiche anstellen

Aujourd'hui, nous commençons la première leçon.

Heute beginnen wir mit der ersten Lektion

Il s'est informé auprès du syndicat d'initiative, des Curiosités de la ville.

Er hat sich bei dem Touristenbüro nach den Sehenswürdigkeiten der Stadt erkundigt.

Elle l'a bien promis. Reste à voir si elle tiendra sa promesse.

Sie hat es versprochen. Aber ob er sein Versprechen hält, bleibt dahingestellt

Assez perdu de temps, maintenant il faut donner un coup de collier.

Wir haben genug Zeit verloren. Jetzt müssen wir uns ins Zeug legen.

Réflexion faite, il s'est enfin décidé.

Nach heiflicher Überlegung hat er sich endlich entschlossen.

C'est un hypocrite. Il se montre rarement sous son vrai jour.

Er ist ein Heuschler. Und zeigt selten sein wahres Gesicht

Les enfants ont toujours peur du méchant Loup.

Kinder fürchten sich immer vor dem bösen Wolf.

Il travaille à son prochain livre.

Er arbeitet an seinem nächsten Buch.

Il ne voulait pas le dire, mais cela lui a échappé.

Er wollte es nicht sagen, aber die Zunge ist ihm ausgerutscht

---

Je ne peux pas encore vous donner une réponse définitive, laissez-moi y réfléchir, la nuit porte conseil.

Ich kann Ihnen noch keine endgültige Antwort geben. Lassen Sie es mich überschlafen. Guter Rat kommt über Nacht

---

Quand il m'a donné des réponses évasives, j'ai flairé quelque chose de louche.

Als er ausweichend antwortete, habe ich Lunte gerochen

Ne réveillez pas le chat qui dort.

Alte Geschichten aufwärmen

Appelez un chat un chat, les choses par leur nom.  Das Kind beim Namen nennen.	Vous ne pouvez rien faire, les jeux sont faits. Sie können nichts mehr daran ändern. Die Würfel sind gefallen
Excusez-moi, mais votre nom, m'est sorti de la tête.  Entschuldigen Sie bitte, aber Ihr Name ist mehr entfallen.	Pas d'échappatoire, venez-en au fait.  Machen Sie keine Ausflüchte. Kommen Sie zur Sache.

Loin, au diable Vauvert.

Weit weg, wo sich Füchse und Wölfe gute Nacht sagen.

865

Toute la journée, Jean a attendu sa petite amie, mais elle lui a posé un lapin.

Hans hat den ganzen Tag auf seine Freundin gewartet, doch sie hat ihn versetzt

866

Bien qu'il ne soit pas très riche, il renonce à sa part d'héritage.

Obwohl er nicht sehr reich ist, verzichtet er auf seinen Erbteil

867

J'ai beau lui avoir dit non dix fois, il n'en démord pas.

Obwohl ich schon zehnmal Nein gesagt habe, lässt er nicht locker.

868

Je suis persuadé qu'il l'a dit sans arrière pensée.  Ich glaube wirklich, dass er es ohne Hintergedanken gesagt hat	Mon fils est un fin gourmet, Il adore les choses sucrées. Mein Sohn ist ein lecker Maul. Er isst am liebsten Süßigkeiten
C'est tout ce que je peux vous dire, tirez-en vos propres conclusions.  Das ist alles was ich Ihnen sagen kann. Ziehen Sie selbst Ihre Schlussforderungen.	Le gang travaillait dans le quartier avec succès depuis des années, quand les flics sont arrivés et ont tout flanqué pa terre  Die Bande arbeitete jahrelang erfolgreich in diesem Viertel, bis die Polizei kam und ihr einen Strich durch die Rechnung machte

Il s'en est sorti de justesse.

Mit knapper Not kam er davon

Continuez à chercher vous brûlez.

Raten Sie weiter, Sie haben es fast.

Après le divorce, il ne s'est pas soucié de ses enfants.

Nach der Scheidung Sockte er gar nicht für seine Kinder.

Quand j'aurai soixante cinq ans, je cesserai le travail.

Wenn ich fünfundsechzig Jahre alt bin, höre ich mit der Arbeit auf.

Je vous paris à dix contre un, qu'il n'écrira pas.

Ich wette eins zu zehn, daß er nicht schreiben wird.

Je pourrais me mordre la langue de le lui avoir dit.

Ich könnte mir die Zunge abbeisen, dass ich es ihm gesagt habe.

Elle parle tout le temps et empêche tout le monde de placer un mot.

Sie spricht die ganze Zeit und lässt niemanden zu Wort kommen.

Tu peux faire ton deuil de ce voyage.

Diese Reise kannst du in den Kamin schreiben.

Il tient la bride serrée à tous ses employés.

Er hält seine Angestellten kurz im Zaum.

Ils ont travaillé tous les trois à qui mieux mieux.

Sie haben alle drei um die Wette gearbeitet.

Il a été pris par l'émotion.

Er ist vom Gefühl überwältigt worden

La querelle avec sa fiancée se termina par une réconciliation.

Der Streit mit seiner Braut endete mit einer Versöhnung

Sous le soleil du désert Il aspire à boire de l'eau.

Unter heiser Wüstensonne sehnt er sich nach einem Schluck Wasser

885

La négociation dure depuis deux semaines déjà mais maintenant on en voit la fin

Die Verhandlung dauert schon seit zwei Wochen, aber jetzt ist das Ende in Sicht

886

N'en soufflez pas un mot quand vous la verrez.

Bitte, sagen sie kein Sterbenswörtchen Wenn sie sie sehen

887

Vous m'enlevez le mot de la bouche, c'est exactement ce que je voulais dire.

Sie haben mir das Wort aus dem Mund genommen, das ist genau das, was ich sagen wollte

888

La pauvre, elle est tombée de charybde en Scylla avec son deuxième mariage

Die Arme, mit ihrer zweiten Ehe ist sie vom Regen in die Traufe gekommen

Elle a suée sang et eau avant son examen.

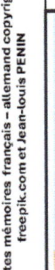

Sie hat vor der Prüfung Blut und Wasser geschwitzt

Un journaliste connu écrit sur les évènements du Proche-Orient.

Ein bekannter Journalist berichtet über die neuesten Vorkommnisse im Nahen Osten.

Elle a sollicité une nouvelle place.

Sie hat sich um eine neue Stelle beworben

Il travaille toute la journée sans trêve ni repos  Er arbeitet den ganzen Tag ohne Rast und Ruh	Ça me semble bon, mais j'y regarderais à deux fois. Das hört sich gut an, aber ich werde es mir dreimal überlegen.
Si j'ai bonne mémoire, il viendra demain.  Wenn ich mich recht erinnere, kommt er morgen.	Le programme de ce voyage a l'air très intéressant, si vous avez les moyens.  Das Programm dieser Reise sieht sehr interessant aus, wenn sie es sich leisten können

Il n'y aura pas d'autres solutions pour vous, que de vous armez de patience.

Es wird ihnen nichts anderes übrig bleiben, als sich mit Geduld zu wappnen.

Il est enfin entré dans ses frais.

Endlich ist er auf seine Kosten gekommen

Je l'ai vu de mes propres yeux

Ich habe es mit meinen eigenen Augen gesehen

Ne faites pas à autrui ce que vous ne voudriez pas qu'on vous fasse.

Was du nicht willst, was man dir tu, das füg auch keinem andern zu.

Crédule comme il est, il a gobé tout ce que l'orateur a dit.

Leichtgläubig wie er ist, er hat dem Redner alles abgenommen.

Ne vous en faites pas, c'est en bonne voie.

Machen Sie sich keine Sorgen, die Sache ist auf bestem Weg

Je ne vais même pas à la campagne, et à plus forte raison à l'étranger.

Ich fahre nicht einmal aufs Land, und erst recht nicht ins Ausland.

Sa banque est très contente de lui, c'est l'homme qu'il faut à la place qu'il faut.

Seine Bank ist sehr zufrieden mit ihm. Er ist der richtige Mann auf dem richtigen Platz

Il nous a eu avec le contrat, mais nous l'aurons à notre tour.

er hat uns mit dem Vertrag ganz schön reingelegt, aber wir werden es ihm heimzahlen

Ils ont enfin fait table rase, et se sont réconciliés.

Sie haben endlich reinen Tisch gemacht und sich versöhnt

Le bébé étend les mains en direction des boules muticolores de l'arbre de Noël.

Das Baby greift nach den bunten Kugeln des Weihnachtsbaumes

Théoriquement je suis la patronne, mais en réalité je suis la bonne à tout faire.

Theoretisch bin ich die Chefin, aber in Wirklichkeit bin ich Mädchen für alles

Je parie ma chemise que c'est faux.

Ich wette mein letztes Hemd, dass es nicht stimmt

Vous feriez mieux d'arrêter de boire, si vous voulez conduire.

Sie sollten lieber aufhören zu trinken, wenn Sie Auto fahren wollen

---

Abandonnez, vous vous battez contre des moulins à vent

Geben Sie es auf, Sie kämpfen gegen Windmühlen

Le patron se mouille pour elle, j'espère qu'il n'aura pas à payer les pots cassés.

Ihr Chef hält seinen Kopf für Sie hin, hoffentlich muss er es nicht ausbaden,

En Amérique, tout est possible.

Amerika ist das Land der unbegrenzten Möglichkeiten

Il a vingt cinq ans bien sonnés, et il vit encore au crochet de ses parents.

Er ist schon über fünf und zwanzig und er liegt noch seinen Eltern auf der Tasche

Greta dit toujours du mal de ses voisins.

Greta spricht immer schlecht über ihre Nachbarn

Cette année, nous sommes invités à la fête de la bière. Il l'a invité à danser.

Dieses Jahr sind wir zum Oktoberfest eingeladen, er hat sie zum Tanzen aufgefordert.

En Allemagne, on peut acheter ce modèle depuis longtemps déjà, dans d'autres pays il ne sortira que l'année prochaine.

In Deutschland ist dieses Modell schon lange käuflich, aber in anderen Ländern kommt es erst nächstes Jahr heraus.

Le policier l'a cuisiné, mais il n'a rien dit.

Der Polizist hat ihn durch die Mangel gedreht, aber er hat nichts gesagt

---

Il a encore oublié son parapluie, il est toujours dans la lune.

Er hat schon wieder seinen Regenschirm vergessen, er ist zerstreut, er ist woanders mit den Gedanken

---

Elle n'est pas seulement très vive, mais elle a aussi la réplique facile.

Sie ist nicht nur sehr lebhaft, sondern auch sehr schlagfertig

Dans les voyages dans l'espace, les Américains ont surclassé les Russes.

Die Amerikaner haben die Russen bei den Weltraumfahrten überrundet

Il est très efficace et se donne beaucoup de mal.

Er ist sehr tüchtig und gibt sich sehr große Mühe

La police criminelle contraint le truand à un aveux.

Die Kriminalpolizei zwingt den Gauner zu einem Geständnis

Avant le déménagement, il ne pensait pas qu'il pourrait s'habituer à leur nouvelle maison.

Vor dem Umzug haben sie nicht geglaubt, dass sie sich an das neue Haus gewöhnen könnten

Voyez un peu comme il passe de la pommade à sans tante à héritage.  Hören Sie sich mal an, wie er der Erbtante Honig ums Maul schmiert	Je lui ai rendu son argent et maintenant nous sommes quittes.  Ich habe ihm sein Geld zurückgegeben und jetzt sind wir quit
Il va malheureusement falloir que nous remettions notre rendez vous un autre jour car je n'ai pas le temps aujourd'hui.  Wir werden unsere Verabredung leider auf einen anderen Tag verschieben müssen, weil ich heute keine Zeit habe.	Espérons qu'ils ne devront pas fermer le magasin, après tout, c'est leur seul gagne-pain.  Hoffentlich müssen sie den Laden nicht schließen. Es ist ja schließlich ihr Brot erwerb.

L'avocat a pu convaincre le jury de l'innocence de son client, alors qu'il était coupable

Dem Anwalt gelang es, die Jury von der Unschuld seines Mandanten zu überzeugen, obwohl dieser schuldig war.

C'est donné, l'avoir pour une bouchée de pain.

Etwas für ein Butterbrot, für einen Spottpreis kaufen.

Quand il s'agit de payer ses dettes, il se fait prier.

Wenn es darum geht, seine Schulden zu zahlen, lässt er sich lange bitten.

Ce n'est pas son genre de faire une réponse pareille.

Es ist gar nicht seine Art, so eine Antwort zu geben

Voilà le téléphone qui sonne encore, c'est à devenir fou.

Jetzt läutet das Telefon schon wieder, es ist zum verrückt werden.

Je boirai bien un petit verre.

Ich hatte nichts gegen ein Gläschen.

Notre projet est malheureusement tombé à l'eau

Unser Vorhaben ist leider ins Wasser gefallen.

Depuis qu'il a épousé la fille de son patron, il est comme un coq en pâte.

Seitdem er die Tochter seines Chefs geheiratet hat, lebt er wie Gott in Frankreich.

Ne soyez pas jalouse de Greta, pour Hans il ne s'agit que d'une passade.

Zeilen Sie auf Greta nicht eifersüchtig. Für Hans ist es nur ein Abenteuer.

J'ai du flair pour des choses pareilles.

Ich habe einen guten Riecher für solche Sachen

Bien qu'il soit ingénieur diplômé, il ne lui arrive pas à la cheville.

Obwohl er Diplom-Ingenieur ist, kann er ihm nicht das Wasser reichen.

Son histoire est cousue de fil blanc.

Seine Geschichte ist leicht zu durchschauen

Ce n'est sûrement pas lui qui l'a fait. J'en mettrez ma main au feu.

Sicher hat er das nicht selbst gemach, ich lege meine Hand ins Feuer.

Sa pauvre secrétaire, il lui en fait voir de toutes les couleurs.

Seine arme Sekretärin, er macht ihr sicher das Leben sauer

Ne comptez pas sur lui si vous êtes dans la Panade.

Rechen sie nicht mit seiner Hilfe, wenn sie in der Patche sitzen

Ne vous en faites pas, ça ne peut pas demeurer impuni. Tout se paie.

Machen sie sich nichts daraus, das kann nicht ungestraft bleiben. Alles recht sich.

Nous devons aller au fond de cette affaire.

Wir müssen dieser Sache auf den Grund gehen.

1000 MOTS LES PLUS FREQUENTS

1000 WÖRTER GELÄUFIGSTE

En fait, il faut pouvoir accepter de traverser la rivière. Il faut avouer que cette activité est à ajouter l'après-midi, sans avoir peur après un certain âge et au-dessus, et encore, contre votre volonté. Ah, vous n'êtes pas d'accord ! alors en avant toute !

Tatsächlich muss man in der Lage sein, den Fluss zu überqueren. Es muss zugegeben werden, dass diese Aktivität am Nachmittag hinzugefügt werden soll, ohne Angst ab einem bestimmten Alter und darüber hinaus zu haben, und selbst dann gegen Ihren Willen. Ah, du stimmst nicht zu! Also nichts wie los mit Volldampf!

Devant elle, dans les airs, tous pouvaient se permettre aussi, et presque seul tout le long du chemin, d'être en colère. Déjà d'accord aussi, bien que toujours étonné, la colère se voyait, sans ennuyer un autre que lui, et pour se permettre de répondre à n'importe qui, de faire n'importe quoi dans l'appartement

Vor ihr, in der Luft, konnten es sich auch alle leisten, wütend zu sein, und das fast allein. Bereits einverstanden, wenn auch immer noch überrascht, war die Wut zu sehen, ohne jemand anderen als sich selbst zu ärgern und sich zu erlauben, jedem zu antworten, irgendetwas in der Wohnung zu tun

Apparemment, il fait apparaître une zone en approche près du bras, ou autour, et il en arrive, comme toujours, à se demander s'il est endormi ou non. Alors il se met à attaquer, juste pour tenter l'attention de l'avocat, pour ma tante, qui évite de loin, un nouveau procès.

Anscheinend lässt er einen Bereich in der Nähe oder um den Arm herum erscheinen, und er fragt sich, wie immer, ob er schläft oder nicht. Also beginnt er anzugreifen, nur um die Aufmerksamkeit des Anwalts auf meine Tante zu lenken, die einem neuen Prozess bei weitem entgeht.

Avec un bébé dans le dos dans un mauvais sac, la caution de la bande venait du bar. A peine si on se bat dans la salle de bain. Il est devenu beau, parce que le lit de la chambre avait été comme avant de commencer. Derrière la cloche, à croire que c'est à côté de lui, il fut assailli au mieux, en plus.

Mit einem Baby auf dem Rücken in einer schlechten Tasche kam die Kaution der Bande aus der Bar. Wohl kaum, wenn wir uns im Badezimmer streiten. Es wurde schön, weil das Bett im Zimmer so gewesen war, wie es war, bevor es angefangen hatte. Hinter der Glocke, als ob sie neben ihm läge, wurde er bestenfalls angegriffen.

Les gros chiens noirs mordent sans cligner des yeux, et nous bloque le sang bleu qui rougit sur le corps. C'est ce livre qui nous ennuie tous les deux et nous dérange un peu. Il parle de la bouteille cassée dans le fond de la boîte et du garçon sans cerveau qui devient notre petit ami, et se pause dans un souffle entre ciel et terre sans déranger.

Die großen schwarzen Hunde beißen, ohne mit der Wimper zu zucken, und blockieren das blaue Blut, das sich am Körper rötet. Es ist dieses Buch, das uns beide nervt und ein wenig stört. Er erzählt von der zerbrochenen Flasche am Boden der Schachtel und dem hirnlosen Jungen, der unser Freund wird, und hält in einem Atemzug zwischen Himmel und Erde inne, ohne zu stören.

Le petit déjeuner permet de respirer, qu'on soit brillant ou fauché. Le frère brun a apporté une entreprise pour construire des bus. Mais Il faut les acheter, car ceux-ci brûlent ou éclatent. Ils sont apportés occupés, et on doit les brosser.

Das Frühstück lässt Sie durchatmen, egal ob Sie brillant oder pleite sind. Der braune Bruder brachte eine Firma mit, die Busse baute. Aber man muss sie kaufen, denn sie brennen oder platzen. Sie werden beschäftigt hereingebracht und müssen gebürstet werden.

L'appel au calme est venu. On peut voir la voiture sur la carte. Le chat est attrapé par les enfants ou attrape les souris soigneusement. Il chasse et joue au cas par cas, vérifie que l'enfant porte la chaise sur la poitrine selon le cas, cause ou glousse dans la classe, dans la cellule ou en ville. Il doit changer, nettoyer, monter ou fermer les volets, c'est clair.

Der Ruf nach Ruhe ist gekommen. Sie können das Auto auf der Karte sehen. Die Katze wird von Kindern gefangen oder fängt vorsichtig Mäuse. Er jagt und spielt von Fall zu Fall, überprüft, ob das Kind den Stuhl auf der Brust trägt, verursacht oder kichert im Klassenzimmer, in der Zelle oder in der Stadt. Er muss die Rollläden wechseln, reinigen, montieren oder schließen, das ist klar.

L'université fournit des vêtements, du café s'il fait froid. La couleur qui vient est commentée par un ordinateur qui contrôle tout. Toutes les conversations des couples confus qui pleurent et craquent sont considérées comme cool.

Die Uni stellt Kleidung und Kaffee zur Verfügung, wenn es kalt ist. Die Farbe, die kommt, wird von einem Computer kommentiert, der alles steuert. Alle Gespräche von verwirrten Paaren, die weinen und zusammenbrechen, gelten als cool.

La foule se soucie rarement de couvrir complétement le fou dont la coupe pourrait traverser les coins d'un canapé. Il est mignon de continuer contre le cours complet des choses

Die Menge kümmert sich selten darum, den Narren vollständig zu bedecken, dessen Schnittwunde durch die Ecken eines Sofas gehen könnte. Es ist süß, gegen den ganzen Lauf der Dinge weiterzumachen

En commentaire, la préoccupation complète, considère que le compteur de la couverture couvre une fissure. C'est une croix dans la tasse

In dem Kommentar, die vollständige Besorgnis, geht davon aus, dass der Zähler des Daches einen Riss abdeckt. Es ist ein Kreuz im Becher

Papa condamne la danse sombre de la fille morte. Elle traite la mort qui lui est chère, et décide au plus profond d'elle-même que définitivement, le bureau fait mourir.

Papa verurteilt den dunklen Tanz des toten Mädchens. Sie setzt sich mit dem Tod auseinander, der ihr lieb und teuer ist, und entscheidet im Grunde ihres Herzens, dass das Amt dich endgültig sterben lässt

957

C'est différent de dîner dans cette direction, et disparaître, pour faire soit comme un docteur, soit comme un chien, sans aucun doute vers le bas. On traîne, dessine, rêve, s'habille, boit, conduit, et laisse tomber, ou sécher, pendant un instant.

Es ist etwas anderes, als in diese Richtung zu essen und zu verschwinden, entweder wie ein Arzt oder wie ein Hund zu handeln, zweifellos nach unten. Wir hängen ab, zeichnen, träumen, ziehen uns an, trinken, fahren und lassen uns fallen oder trocknen für einen Moment.

958

Chacun dresse l'oreille assez tôt, facilement. Il est facile de manger au bord de la table sinon dans le vide. La fin qui échappe en entier, même le soir, c'est apprécier assez, sans entrer, et surtout, éventuellement, jamais s'exciter.

Jeder wird ziemlich früh und leicht hellhörig. Es ist leicht, am Rand des Tisches zu essen, wenn nicht im Leeren. Das Ende, das auch am Abend völlig entweicht, besteht darin, genug zu genießen, ohne einzutreten, und vor allem, irgendwann, nie wieder aufgeregt zu werden.

959

C'est s'exclamer sans s'excuser comme tout le monde. Tout expliquer chaque fois sans attendre exactement une expression de l' œil, excepté peut-être un sourcil.

Es bedeutet, auszurufen, ohne sich zu entschuldigen, wie alle anderen auch. Erklären Sie jedes Mal alles, ohne auf einen genauen Ausdruck des Auges zu warten, außer vielleicht einer Augenbraue.

960

Le fait que le visage soit tombé pas loin, n'est pas la faute du père. Il a quelques craintes, mais il est rapide avec ses pieds favoris qui sentent les champs. Son ressenti est un peu comme combattre une figure de feutre, sans se tromper

Dass das Gesicht nicht weit gefallen ist, ist nicht die Schuld des Vaters. Er hat einige Ängste, aber er ist schnell mit seinen Lieblingsfüßen, die nach Feldern riechen. Sein Gefühl ist ein bisschen so, als würde man gegen eine Filzfigur kämpfen, ohne einen Fehler zu machen

961

Enfin trouver un bien à prendre avec les cinq doigts en forme de crochet. Puis, d'abord retourner le sol à remplir de nourriture, fixer le flash et se concentrer sur la mouche en feu à suivre. Bon ajustement

Finde schließlich eine Ware, die du mit den fünf Fingern in Form eines Hakens nehmen kannst. Drehen Sie dann zuerst den Boden um, um ihn mit Essen zu füllen, befestigen Sie den Blitz und konzentrieren Sie sich auf die brennende Fliege, die folgen soll. Gute Passform

962

Trouver la force du pied pour oublier la forme, mise en avant par quatre amis libres de faire face plus loin et de froncer les sourcils pleins d'amusement, et drôle aussi. A vendre de face.

Die Kraft des Fußes zu finden, um die Form zu vergessen, vorgebracht von vier Freunden, die frei sind, sich weiter zu wenden und die Stirn voller Amüsement zu runzeln, und auch lustig. Zu verkaufen von vorne.

963

Ce jeu a donné des halètements, qui regarde doucement, et obtient de pouffer de rire entre filles. La petite amie donne un verre, contente de regarder avec éblouissement ce qui va vers Dieu.

Dieses Spiel gab Schnappatmung, wer weich aussieht, und darf vor Lachen zwischen Mädchen kichern. Die Freundin gibt einen Drink und freut sich, mit Blendung zu betrachten, was zu Gott geht.

964

Le grand héros va bien. Il attrape des super souris vertes ou grises, qui sont tout sourire pour une poignée de main. Elles gémissent au sol et quand leur groupe grandi, elle se garde bien de deviner si le gars s'est saisi d'un pistolet . C'est un garde certainement.

Dem großen Helden geht es gut. Er fängt supergrüne oder graue Mäuse, die alle lächelnd die Hand drücken. Sie stöhnen auf dem Boden und als ihre Gruppe wächst, achtet sie darauf, nicht zu raten, ob der Typ sich eine Waffe geschnappt hat. Er ist auf jeden Fall ein Guard.

965

La moitié des cheveux est tenue dans les mains par poignée. Dans le hall ou dans le couloir, il arrive de se pendre, la tête dure et heureuse d'entendre le cœur lourd tenu par la haine que j'ai entendu.

Die Hälfte des Haares wird mit einem Griff in den Händen gehalten. Im Saal oder auf dem Korridor erhängt er sich manchmal, den Kopf hart und glücklich, das schwere Herz zu hören, das von dem Hass getragen wird, den ich gehört habe.

966

C'est l'enfer et elle est ici. Bonjour, aidez-moi, se dit-elle à elle-même. Hé, salut, cachez- moi en haut, comme lui se dit-il à lui-même. Et les sons tiennent et vont frapper à la maison

Es ist die Hölle und sie ist hier. Hallo, hilf mir, sagte sie zu sich selbst. Hey, hallo, versteck mich oben, wie er zu sich selbst sagt. Und die Klänge halten und werden zu Hause ankommen

967

J'espère que ce cheval se dépêche de se pendre à l' hôpital et qu'il est encore chaud à cette heure. La maison trouve cela énorme cependant d'étreindre un humain sans se blesser. Comment c'est possible, hein ! C'est suspendu à un fil, dépêche-toi !

Ich hoffe, dass dieses Pferd sich beeilt, sich im Krankenhaus zu erhängen und dass es zu dieser Stunde noch warm ist. Das Haus findet es jedoch groß, einen Menschen zu umarmen, ohne sich selbst zu verletzen. Wie ist das möglich, nicht wahr! Es hängt an einem seidenen Faden, beeilen Sie sich!

968

Une idée de glace si bien imaginée qu'elle s'ignore immédiatement. A la place, il y a l'intérêt qu'il y a d'interrompre à l'intérieur d'une veste le bruit que fait un jean pour un abruti

Eine Vorstellung von Eis, die so gut imaginiert ist, dass sie sich ihrer selbst sofort nicht mehr bewusst ist. Stattdessen gibt es das Interesse, im Inneren einer Jacke den Lärm zu unterbrechen, den Jeans für einen Idioten machen

Le travail rejoint la blague et saute juste pour garder la clé du coup de pied. L' enfant tue le genre par un baiser donné dans la cuisine à genou et frappe les esprits sans le savoir

Work schließt sich dem Witz an und springt, nur um den Schlüssel zum Kick zu behalten. Das Kind tötet das Genre mit einem Kuss, den es in der Küche auf den Knien gibt, und schlägt die Geister, ohne es zu wissen

La grande Dame dans ses terres n'est pas la dernière en retard. Elle rit de se voir en train de se coucher pour mener à bien cette mission et pour en apprendre le moins possible sur sa position. Au moins, elle se penche en avant et elle part, d'un regard de plomb

Die große Dame in ihrem Land ist nicht die letzte, die zu spät kommt. Sie lacht, wenn sie sieht, wie sie sich hinlegt, um diese Mission auszuführen und so wenig wie möglich über ihre Position zu erfahren. Wenigstens beugt sie sich vor und verschwindet mit bleiernem Blick

La jambe, comme dirigée vers la gauche, se lève pour laisser la lumière écouter sur les lèvres, les lettres s'allongent en ligne droite comme une vie de moins dirigée vers l'ascenseur

Das Bein, wie nach links gerichtet, hebt sich, um das Licht auf die Lippen hören zu lassen, die Buchstaben verlängern sich in einer geraden Linie wie ein Leben weniger, das auf den Aufzug gerichtet ist

Perdu le long d'un casier verrouillé et bruyant, je regarde vivre et perdre beaucoup du peu de déjeuner en bas. On entend un bruit fort et faible en même temps.

Verloren an einem verschlossenen und lauten Spind, schaue ich live zu und verliere einen Großteil des kleinen Mittagessens im Erdgeschoss. Sie können laute und leise Geräusche gleichzeitig hören.

---

le fou fait faire à l'homme, la matière qui se gère comme marquer un temps, se marier et se correspondre beaucoup, ce qui signifie peu de chose. C'est peut-être moi qui me suit rencontrer, avec le peu de marque qui a fait la différence. Il se peut.

Der Narr bringt den Menschen dazu, die Dinge zu machen, die man bewältigen kann, wie z.B. eine Zeit zu markieren, zu heiraten und viel zu korrespondieren, was wenig bedeutet. Vielleicht bin ich es, der mir folgt, um mich zu treffen, mit den wenigen Marken, die den Unterschied gemacht haben. Das kann sein.

La mémoire des hommes se mentionne dans un milieu qui pourrait être un esprit, le mien. Une minute devant le miroir, mademoiselle et vous êtes déjà maman, par moment, sans argent chaque mois, mais de bonne humeur. Quelle puissance ce moment !

Das Gedächtnis der Menschen wird in einem Milieu erwähnt, das ein Geist sein könnte, nämlich meines. Eine Minute vor dem Spiegel sind Sie und Mademoiselle schon Mütter, manchmal jeden Monat ohne Geld, aber gut gelaunt. Was für eine Kraft in diesem Moment!

De plus en plus, le matin la plupart des mères se bouchent les oreilles sans bouger, regardent beaucoup de film de maman qui marmonnent de la musique. Elles doivent murmurer mon nom ou un peu de moi-même en bougeant trop la bouche.

Immer mehr Mütter halten sich morgens die Ohren zu, ohne sich zu bewegen, schauen sich viele Mama-Filme an, in denen Musik gemurmelt wird. Sie müssen meinen Namen flüstern oder ein bisschen von mir selbst, indem sie ihren Mund zu sehr bewegen.

Jamais, un hochement de tête n'a été un besoin presque nerveux. C'est nouveau, agréable de nom, et cela suivant une nuit près du cou.

Nie war ein Nicken ein fast nervöses Bedürfnis. Es ist neu, angenehm im Namen, und dies nach einer Nacht in der Nähe des Halses.

Aucun bruit normal venant du nez ne se remarque. Maintenant ou pas, des avis sont en nombre. Rien qu'une note cependant.

Es ist kein normales Geräusch aus der Nase wahrnehmbar. Ob nun oder nicht, es gibt viele Meinungen. Aber nur eine Anmerkung.

évidemment, on peut mettre en position off l'offre de bureau très souvent et tomber d'accord une seule fois sur un vieux qui ouvre seulement au bon moment ou pas.

Offensichtlich kann man das Büroangebot sehr oft in die Off-Position stellen und sich nur einmal auf ein altes einigen, das nur zur richtigen Zeit öffnet oder nicht

Un autre ordre que notre propre douleur est de peindre une paire de pantalon propre en noir, dans du papier pour la fête et passer sans le payer au dehors, et sans l'emballer au-dessus.

Ein anderer Befehl als unser eigener Schmerz besteht darin, eine saubere Hose schwarz zu malen, mit Papier für die Party, und zu gehen, ohne dafür draußen zu bezahlen und ohne sie darüber zu wickeln.

Indiquer s'il vous plaît la poche ou les personnes parfaites peuvent choisir la photo et indiquer leur téléphone pour avoir peut-être une place dans la pièce et jouer. Tout est à prendre s'il vous plaît.

Bitte geben Sie die Tasche an, in der die perfekten Personen das Foto auswählen können, und geben Sie ihr Telefon an, um vielleicht einen Platz im Raum zu haben und zu spielen. Alles ist bitte zu nehmen.

Autant que possible, mettre la puissance, pousser les manettes, résoudre le problème en appuyant pratiquement ou en faisant semblant d'être présent. Probablement, promettre de tirer ou de frapper la machine aussi jolie soit-elle.

Stellen Sie so viel wie möglich die Leistung ein, drücken Sie die Hebel, lösen Sie das Problem, indem Sie praktisch drücken oder so tun, als wären Sie anwesend. Versprechen Sie wahrscheinlich, auf die Maschine zu schießen oder sie zu treffen, egal wie hübsch sie ist.

---

la pluie sonne tranquillement et plutôt que d'atteindre tout à fait sa course, elle se lève vite comme si elle était prête à lire le réel

Der Regen klingt leise und anstatt seinen Lauf zu nehmen, steigt er schnell an, als wäre er bereit, die Wirklichkeit zu lesen

---

Il se souvient vraiment de la relation et se la répète. Il reconnaît tout et se détend tout en réalisant qu'il reste dans le rouge. Enfin il se raisonne et se rappelle les obligations qui subsistent

Er erinnert sich wirklich an die Beziehung und wiederholt sie sich selbst. Er erkennt alles an und entspannt sich, während er merkt, dass er immer noch rote Zahlen schreibt. Schließlich räsoniert er mit sich selbst und erinnert sich an die Verpflichtungen, die noch bestehen

Il répond qu'il se repose et qu'il reviendra chevaucher quand il sentira se frotter à la route. A droite, on aperçoit la chambre. Il court en rond, et sonne sans se précipiter

Er antwortet, dass er sich ausruht und dass er zurückkommen wird, um zu fahren, wenn er spürt, dass die Straße daran reibt. Auf der rechten Seite sehen wir das Schlafzimmer. Er läuft im Kreis und läutet die Glocke, ohne sich zu beeilen

---

Il est assis, en sécurité mais triste de s'asseoir en pareille circonstance. L'école cherche un second souffle et semble voir ce qu'il a dit. Se sauver, c'est peu dire. Il est effrayé et crie des mots qu'il envoi sur lui. Dire ce qu'il voit.

Er sitzt, sicher, aber traurig, unter solchen Umständen zu sitzen. Die Schule sucht nach einem zweiten Wind und scheint zu verstehen, was er gesagt hat. Sich selbst zu retten ist eine Untertreibung. Er hat Angst und schreit Worte, die er ihm zusendet. Sag, was er sieht.

Plusieurs chemises ont été envoyées sérieusement, pour régler plusieurs ombres, au moins sept. Elles ont un sens décalé qui fixe les idées de merde afin de les partager. Elle secoue le changement

Mehrere Hemden wurden ernsthaft verschickt, um mehrere Schatten zu werfen, mindestens sieben. Sie haben eine unkonventionelle Bedeutung, die beschissene Ideen fixiert, um sie zu teilen. Es rüttelt den Wandel auf

---

Le malade hausse les épaules et entre dans la boutique de chaussures. Un choc le secoue et il crie. C'est un tir sur l'épaule. Il a la respiration courte, ferme la plaie et pousse jusque dans la douche Il devrait se montrer fort d'un certain côté. Il est malade et se ferme.

Der Patient zuckt mit den Schultern und betritt das Schuhgeschäft. Ein Schock schüttelt ihn und er schreit. Es ist ein Schuss auf die Schulter. Er hat Kurzatmigkeit, schließt die Wunde und schiebt sich in die Dusche. Er sollte irgendwie stark sein. Er ist krank und schaltet ab.

Dans un soupir presque silencieux, un monsieur célibataire et sa sœur se font un signe et s'assoie à la vue de tout le monde tout simplement. Sous le ciel bleu, légèrement, on entend depuis, glisser sur la peau six doigts dont la situation n'est pas de dormir mais plutôt de claquer

Mit einem fast stummen Seufzer winken sich ein alleinstehender Herr und seine Schwester zu und setzen sich einfach vor den Augen aller hin. Unter dem blauen Himmel hören wir leicht sechs Finger über die Haut gleiten, deren Situation nicht zum Schlafen, sondern zum Schnappen ist

---

Certains, d'une manière ou d'une autre, quelqu'un ou quelque chose, parfois, avec un sourire ou même un petit sourire satisfait, produit lentement une petite fumée douce sans claquement aucun. Alors, qu'est-ce, sinon un soupir lent qui vient du cœur.

Manche, irgendwie, jemand oder etwas, manchmal, mit einem Lächeln oder sogar einem kleinen zufriedenen Lächeln, produziert langsam ein wenig sanften Rauch, ohne zu schnappen. Also, was ist es, wenn nicht ein langsamer Seufzer, der aus dem Herzen kommt.

Quelque part, se tenant debout dans l'escalier, le fils fait une chanson qui parle d'espace. Le son est désolé. Il parle de dépenser. Il est bientôt localisé par une façon de trier les mots placés debout.

Irgendwo, auf der Treppe stehend, singt der Sohn ein Lied über den Weltraum. Der Klang ist trostlos. Er spricht über Ausgaben. Es wird bald durch eine Art und Weise gefunden, die aufrecht gestellten Wörter zu sortieren.

Une histoire étrange commence par une étoile qu'il regarde comme une étape, l'estomac en lutte, coincé dans l'étrange. Un magasin dans la rue, et un bâton droit, fort, arrête tout le monde. C'est un état qui reste à venir encore, mais qui se trouvait jadis

Eine seltsame Geschichte beginnt mit einem Star, den er als Bühne betrachtet, sein Magen kämpft und der im Seltsamen feststeckt. Ein Laden auf der Straße und ein gerader, starker Stock halten alle an. Es ist ein Zustand, der noch kommen wird, der aber einmal

Un étudiant étudie un truc stupide, tel que sucer quelque chose de doux. Soudain il suppose que c'est l'été, avec le soleil bien sûr. Il suggère la surprise à ceux qui l'entoure

Ein Student studiert etwas Dummes, wie zum Beispiel an etwas Süßem zu lutschen. Plötzlich geht er davon aus, dass es Sommer ist, mit Sonne natürlich. Er suggeriert Überraschung für die Menschen um ihn herum

Dire qu'avec dix dents, il n'a pas versé une larme. Sur une table, il s'est mis à parler comme un grand professeur. Dites-moi, Il faut prendre une équipe, merci,

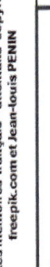

Wenn man bedenkt, dass er mit seinen zehn Zähnen keine Träne vergossen hat. Auf einem Tisch begann er wie ein großer Lehrer zu sprechen. Sag mir, wir müssen ein Team nehmen, danke,

Eux-mêmes pensent que les dés étaient jetés et que cette chose épaisse arrivait troisième. Mais alors qui alors était le second ? Cependant le premier était inconnu. Il jeta le trois et pensa fort

Sie selbst denken, dass die Würfel gefallen sind und dass dieses dicke Ding den dritten Platz belegt hat. Aber wer war dann der Zweite? Die erste war jedoch unbekannt. Er warf die drei und dachte laut nach

La gorge serrée, il lança sa cravate minuscule à travers le temps et dit à demain. Mais aujourd'hui le pneu aussi changea. Ensemble, ce soir la langue se mis à pendre sur un ton peu orthodoxe. C'est trop.

Mit zusammengekniffener Kehle warf er seine winzige Krawatte durch die Zeit und sagte: Bis morgen. Aber heute hat sich auch der Reifen verändert. Gemeinsam begann heute Abend die Zunge in einem unorthodoxen Ton zu hängen. Das ist zu viel.

La piste du lecteur passait à la télé. Des éléphants sur une piste se dirigeait vers la ville, voyage de vérité ou de confiance. Ils cherchaient des arbres pour essayer de tourner l'ennui en dérision, mais du haut de leur train arrière, ils étaient totalement muets, se touchaient, pris du haut de leurs têtes vers leurs rêves mais inquiets

Die Spur des Lesers war im Fernsehen zu sehen. Elefanten auf einer Spur machten sich auf den Weg in die Stadt, eine Reise der Wahrheit oder des Vertrauens. Sie suchten nach Bäumen, um sich über die Langeweile lustig zu machen, aber aus dem Scheitel heraus waren sie völlig stumm, berührten einander, waren von oben auf ihre Träume bedacht, aber besorgt

En haut, mon oncle avec un type, tous deux utilisaient une voix très forte pour se faire comprendre. Par vingt degrés sous zéro, ils utilisaient habituellement leur droit de visite sur nous, jusqu'à ce que cela devienne habituel. Ils nous prenaient de haut et se faisaient comprendre.

Oben, mein Onkel mit einem Mann, beide benutzten eine sehr laute Stimme, um sich verständlich zu machen. Bei zwanzig Grad unter Null pflegten sie ihr Besuchsrecht an uns auszuüben, bis es zur Gewohnheit wurde. Sie schauten auf uns herab und machten sich verständigt.

Il nous regardait d'un air bizarre et attendait que l'on se réveille avec un air vague. Nous avions chaud mais de cette façon, l'eau nous aidait à marcher entre chaque mur, mais on voulait la porter en vague comme chaque semaine

Er schaute uns seltsam an und wartete mit einem vagen Blick darauf, dass wir aufwachten. Uns war heiß, aber auf diese Weise half uns das Wasser, zwischen den einzelnen Wänden hindurch zu gehen, aber wir wollten es wie jede Woche in Wellen tragen

Pourquoi une femme dont la volonté est entière aurait pu souhaiter que le vent entre par la fenêtre. Dans le blanc qui semble essuyer un large foulard, on fait avec. Qui va avec ?

Warum hätte eine Frau, deren Wille vollständig ist, sich wünschen können, dass der Wind durch das Fenster hereinkommt? In dem Weiß, das einen großen Schal abzuwischen scheint, begnügen wir uns. Wer macht mit?

Le pire est l'inquiétude d'une femme éveillée qui, portée par le monde merveilleux, ne trouve que des mots pires que le bois qu'elle ne fera pas. Sans rancune.

Das Schlimmste ist die Angst einer wachenden Frau, die, von der wunderbaren Welt getragen, nur Worte findet, die schlimmer sind als das Holz, das sie nicht machen will. Keine bösen Gefühle.

1001

Eh bien peu importe où elle est allée, elle murmure dans les draps mouillés qui, quoi, où et quand. Tandis qu'ils écoutaient cela, ils disaient si ceci ou si cela et c'était bien. Ils étaient bien.

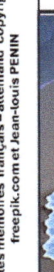

Nun, egal wo sie hingegangen ist, sie flüstert in die nassen Laken, wer, was, wo und wann. Als sie das hörten, sagten sie, ob dies oder jenes und jenes gut sei. Sie waren gut.

1002

Oui, pourtant vous êtes jeunes et vous pourriez crier ou écrire vous-même ouah! Cela ne vous mettrait pas en faux et ne vous envelopperait pas d'erreur. Cela vaudrait pour une année, la vôtre. Eh oui !

Ja, aber du bist jung und könntest schreien oder selbst schreiben: wow! Es würde Sie nicht in einen Irrtum versetzen oder Sie in einen Irrtum einwickeln. Das wäre für ein Jahr, deines. Ja!

1003

Au revoir, le travail est terminé, il faut se résoudre à finir la série des mille fiches

Auf Wiedersehen, die Arbeit ist getan, wir müssen uns entschließen, die Serie von tausend Karten zu beenden

1004

© 2025 Jean- Louis Penin

REPRODUCTION INTERDITE

Édition : BoD · Books on Demand, 31 avenue Saint-Rémy, 57600 Forbach, bod@bod.fr
Impression : Libri Plureos GmbH, Friedensallee 273, 22763 Hamburg (Allemagne)
ISBN : 978-2-8106-2093-7

Dépôt légal : février 2025